算数力がみるみるアップ！

パワーアップ読み上げ計算ワークシート

5・6年

志水 廣 編著／篠崎 富美子 著

明治図書

はじめに

　簡単な計算をすらすらできるようになりますと，授業における問題解決にとって強力な道具となります。高学年になって式を立てることができても計算でつまずく子どもは少なくありません。

　子どもに計算力をつけたい方のために，これまで音声計算練習を開発してきました。

　音声計算練習とは，計算式をランダムに並べた一覧表を手に持って計算して，答えを声に出していく方法です。まるで本を読んでいるかのように答えを言っていくのです。この様子をもとに「読み上げ計算」と命名しています。

　1日，たった1分間で計算力がつく魔法の練習方法です。

　「そんなバカな？」と信じられないかもしれませんが，毎日，1分間頑張るだけで計算力がつきます。特に暗算力が伸びます。

　音声計算を練習し始めると，子どもが自ら計算に対して能動的に取り組みます。しかも，2人練習が基本ですので，協働性が発揮されます。「能動的」と「協働性」⁉　どこかで聞いた言葉ですね。そうです，計算練習のアクティブ・ラーニングなのです。2人が励まし合いながら頑張る様子はとてもほほえましい姿です。この練習をしていきますと，集中力が身に付き，また子どもどうしの関係性が高まります。短い時間で効率よく計算力を伸ばすことができるので，一石三鳥，四鳥の効果をあげることができます。実際，計算力が身に付いたという報告が全国から届いております。これまで以下3冊に教材が掲載されています。

1　2005年に愛知県豊田市立高嶺小学校との編著『算数大好きっ子に育てる』（明治図書），

2　2008年に長野県岡谷市立岡谷小学校との編著『算数科学ぶ喜びを育む学習の創造』（明治図書），

3　2016年に愛知県みよし市立緑丘小学校との編著『2つの「しかけ」でうまくいく！算数授業のアクティブ・ラーニング』（明治図書）です。

　ところが，1と2については現在，絶版になっております。練習しようにも教材のワークシートがない状況が続きました。どうしようかと試案していたときに，本著の著者の篠崎富美子先生の「読み上げ計算」のワークシートと出会ったのです。企画してから5年かかりここにようやく完成しました。5年という月日が表すように，そのままの受け売りではなくて，志水なりに教材化を入念に組み立てました。とても時間をかけて作りました。

　本書を使ってぜひとも子ども達に計算に関してのアクティブ・ラーニングを進めていただければ幸いです。篠崎先生，ありがとうございました。編集部長の木山麻衣子さんにも辛抱強く待っていただき感謝申し上げます。

　平成29年7月吉日

　　　　　　　　　　　　　　　　　　　　　　　　愛知教育大学名誉教授　　志水　廣

本書の使い方

□「読み上げ計算」の練習方法

ステップ❶

　1人で計算の式を見て，1分間，答えを声に出していく。

　・計算する順番は，一覧表上の計算の式をたての列ごとに○①から⑩→●①から⑩→◎①から⑩の順にしていく。

ステップ❷

　次に，2人組のペアで，一方は答える役，もう一方は答えを聞いて確認してあげる役として，1分間ずつ相互に練習する。（親子でやるのも効果的。）

　・1分間以内に最後の問題までいっても，またはじめの○の列からやる。とにかく1分間やり続ける。全員が同時に終わる。

　※5回くらい練習するとスラスラと言えるようになります。そうなったら下の⑩から⑨⑧⑦…へと逆向きに練習するとよいでしょう。

□ワークシート

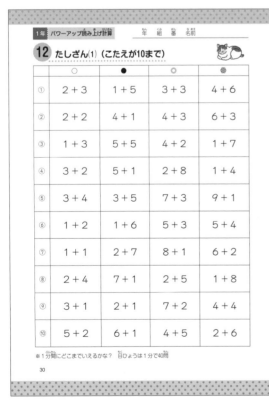
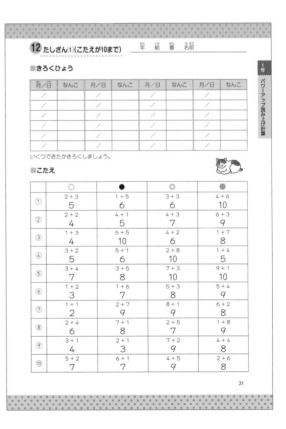

□読み上げ計算のよさ

読み上げ計算のよさについて述べよう。

❶ １分間で計算するだけだから，集中する。読み上げ計算全体でも５分間で終わることができる。

❷ ペア練習では，答え合わせはその場その場でしているので，後で答え合わせの時間をとる必要がない。百マス計算とはこの点が大きく異なる。また，その場で答え合わせというのは，間違いを自覚しすぐに訂正できる。

❸ 視暗算の力が伸びる。

❹ ペア学習なので，子ども相互に仲良くなる。

❺ 人との競争ではなくて，個人の伸びを自覚できる。

❻ 印刷するプリントは１回で済む。百マス計算はやるたびに印刷しなくてはならない。つまり，音声計算は省エネルギーである。

まとめると，短時間で簡単にでき，しかも効果があるというのが音声計算の特徴である。このことは，ユニバーサルデザインのわかりやすさに共通している事柄である。

□練習するときの留意点

ただし，簡単な方法とはいえ，次の留意点は守ってほしい。

❶ 計算の仕方がきちんと理解してできるようになってからこの音声計算に取り組むことである。計算の仕方の理解が曖昧なときは，つまずきやすいので，練習すればするほど，つまずきが定着してしまう。

❷ 問題の分量は，基本的にはワークシートの分量である。子どもの困難度によって減らしたり増やしたりすることである。

❸ 最低，５回は練習させたい。記録をつけて伸びを自覚させたい。

❹ 同じ計算シートをしていると飽きてくることがある。そのときには，別のシートに変更するか，またはしばらく中止するとよい。

❺ できなかった問題には印はつけておきたい。それらの問題を集中的に練習するとよい。

＊本書の教材ワークシートの数はかなり多い。全てやりたいのであるが，限られた教育課程の時間数では，選択してやってほしい。少なくともやってほしいのは，たし算，ひき算，かけ算，わり算の基本的なタイプである。これらは念入りに練習させたい。その他については，少ない回数でもよしとする。無理矢理やらせることは避けてほしい。せっかくアクティブ・ラーニングなのに，嫌いな方向へもっていったら何にもならない。あくまでも子どもの関心・意欲を大事に育てていきたい。

（志水　廣）

Contents

はじめに　3

本書の使い方　4

5年 パワーアップ読み上げ計算

1	かけ算わり算　□□×2　÷2　×5など	8
2	体積，面積の計算	10
3	体積	12
4	体積の単位	14
5	面積①	16
6	面積②	18
7	合同の条件	20
8	三角形，四角形などの角度	22
9	単位の言いかえ　小数	24
10	小数÷小数の準備	26
11	小数×小数の説明	28
12	小数÷小数の説明	30
13	小数のかけ算わり算　混合	32
14	積や商が，もとの数より大きくなるか小さくなるか	34
15	小数倍	36
16	偶数か奇数か	38
17	公約数を速く見つけるための練習	40
18	約数と倍数	42
19	公約数　素数	44
20	最小公倍数と最大公約数	46
21	等しい分数	48
22	約分	50
23	通分	52
24	分数×整数，分数÷整数	54
25	分数を小数に変える　小数を分数に変える	56
26	平均とその利用	58
27	×100　÷100　整数×小数，整数÷小数	60
28	割合　関係図の□を求める式	62
29	割合　百分率　歩合	64

㉚	百分率⟷小数＆割合問題の立式	66
㉛	円周率　円周を求める　正多角形	68
㉜	立体の名前，部分の名前	70
㉝	５年の公式の復習	72

6年 パワーアップ読み上げ計算

①	線対称・点対称	74
②	拡大と縮小	76
③	縮尺の計算	78
④	分数×分数　整数×分数	80
⑤	逆数	82
⑥	積や商が，もとの数より大きくなるか小さくなるか	84
⑦	分数倍	86
⑧	分数　分を時間に	88
⑨	分数÷分数　整数÷分数	90
⑩	×分数倍　÷分数倍	92
⑪	速さの公式　単位の式	94
⑫	速さの学習前用の時間の計算	96
⑬	円の面積	98
⑭	立体の体積	100
⑮	比例・反比例	102
⑯	比例を使って	104
⑰	比を簡単にする	106
⑱	等しい比	108
⑲	公式等の復習	110

5年 パワーアップ読み上げ計算　　　年　組　番　名前

1 かけ算わり算　□□×2　÷2　×5など

はじめは1列ずつをくり返しやりましょう。

	○	●	◎	✿
①	40×2	25×2	25×4	25×3
②	30×2	15×2	12×2	12×5
③	13×2	35×2	18×2	16×5
④	12×2	45×2	17×2	15×3
⑤	14×2	75×2	16×2	15×4
⑥	80÷2	50÷2	32÷2	60÷4
⑦	60÷2	30÷2	36÷2	60÷5
⑧	48÷2	90÷2	34÷2	70÷5
⑨	66÷2	70÷2	14÷2	52÷2
⑩	42÷2	100÷2	58÷2	48÷4

※1分間にどこまで言えるかな？　目標は1分で40問

8

1 かけ算わり算　□□×2　÷2　×5など

年　組　番　名前

5年　パワーアップ読み上げ計算

■記録表

月/日	何個	月/日	何個	月/日	何個	月/日	何個
/		/		/		/	
/		/		/		/	
/		/		/		/	
/		/		/		/	
/		/		/		/	
/		/		/		/	

できた数を記録しましょう。

■答え

	○	●	◎	✿
①	40×2　80	25×2　50	25×4　100	25×3　75
②	30×2　60	15×2　30	12×2　24	12×5　60
③	13×2　26	35×2　70	18×2　36	16×5　80
④	12×2　24	45×2　90	17×2　34	15×3　45
⑤	14×2　28	75×2　150	16×2　32	15×4　60
⑥	80÷2　40	50÷2　25	32÷2　16	60÷4　15
⑦	60÷2　30	30÷2　15	36÷2　18	60÷5　12
⑧	48÷2　24	90÷2　45	34÷2　17	70÷5　14
⑨	66÷2　33	70÷2　35	14÷2　7	52÷2　26
⑩	42÷2　21	100÷2　50	58÷2　29	48÷4　12

9

5年 パワーアップ読み上げ計算　　年　組　番　名前

2 体積，面積の計算

九九（または式）を2回言って答えを言いましょう。
「××」「×÷」の計算は順序を変えても答えは同じです。工夫して計算しましょう。

	○	●	◎
①	2×2×2	25×4×3	6×8÷2
②	3×3×3	10×10×10	12×7÷2
③	4×3×3	6×25×4	8×9÷2
④	4×6×2	10×10×20	7×18÷2
⑤	6×10×3	20×30×40	14×7÷2
⑥	5×4×3	40×4×20	30×18÷2
⑦	10×8×9	10×30×50	5×40÷2
⑧	5×7×40	60×30×30	1200×9÷2
⑨	7×20×4	20×15×3	12×14÷2
⑩	20×7×15	20×6×20	18×70÷2

2 体積，面積の計算

年　組　番　名前

5年　パワーアップ読み上げ計算

■記録表

月/日	何個	月/日	何個	月/日	何個	月/日	何個
/		/		/		/	
/		/		/		/	
/		/		/		/	
/		/		/		/	
/		/		/		/	
/		/		/		/	

できた数を記録しましょう。

■答え　途中の計算の仕方は例です。

	○	●	◎
①	2×2＝4 4×2＝8	25×4＝100 3倍して300	8÷2＝4 6×4＝24
②	3×3＝9 9×3＝27	（10×10＝100　100×10＝） 1000	12÷2＝6 6×7＝42
③	3×3＝9 4×9＝36	25×4＝100 6倍して600	8÷2＝4 4×9＝36
④	4×2＝8 8×6＝48	1×2＝2で1000倍して 2000	18÷2＝9 7×9＝63
⑤	6×3＝18 （10倍して）で180	2×3＝6　6×4＝24 で1000倍して24000	14÷2＝7 7×7＝49
⑥	5×4＝20 2×3＝6で60	4×2＝8　8×4＝32 で100倍して3200	18÷2＝9 3×9＝27で270
⑦	8×9＝72 （10倍して）で720	3×5＝15 で1000倍して15000	5×4＝20で200 200÷2＝100
⑧	5×4＝20で200 2×7＝14で1400	3×3＝9　9×6＝54 で1000倍して54000	12÷2＝6で600 6×9＝54で5400
⑨	2×4＝8で80 7×8＝56で560	2×15＝30　30×3＝90 で10倍して900	14÷2＝7 12×7＝84
⑩	2×15＝30で300 3×7＝21で2100	2×2＝4　4×6＝24 で100倍して2400	18÷2＝9 9×7＝63で630

11

5年 パワーアップ読み上げ計算

年　組　番　名前

3 体積

番号を言ってから式や答えを言いましょう。

A	立体の名前を言いましょう。 ① ② ③ ④ ⑤
B	上の立体の「たての長さ」を言いましょう。　上の □ は1辺1cmの立方体です。 ⑥　　　cm　⑦　　　⑧　　　⑨　　　⑩
C	上の体積を求める式だけを言いましょう。 ⑪　　　⑫　　　⑬　　　⑭　　　⑮
D	立体の体積を求める公式を言いましょう。 ⑯直方体の体積＝　　　⑰立方体の体積＝　　　⑱ 1m³＝(　　　)cm³ ↑ここから言う
E	体積を求める式だけ言いましょう。　　　　　　　　　　　立方体 ⑲ ⑳ ㉑ ㉒
F	体積を求める式だけ言いましょう。 ㉓ ㉔ ㉕ ㉖
挑戦コーナー	番号と長さ　　　　　　　　　　　体積を求める式　　　ないところをある 　　　　　　　　　　　　　　　　　㉚　　　　　　　とみて全体から 　　㉗ ㉘ ㉙　　　　　　　　　　　　　　　　　　　　ひく方法の式

12

3 体積

年　組　番　名前

■記録表

月/日	何個	月/日	何個	月/日	何個	月/日	何個
/		/		/		/	
/		/		/		/	
/		/		/		/	
/		/		/		/	
/		/		/		/	
/		/		/		/	

できた数を記録しましょう。

■答え

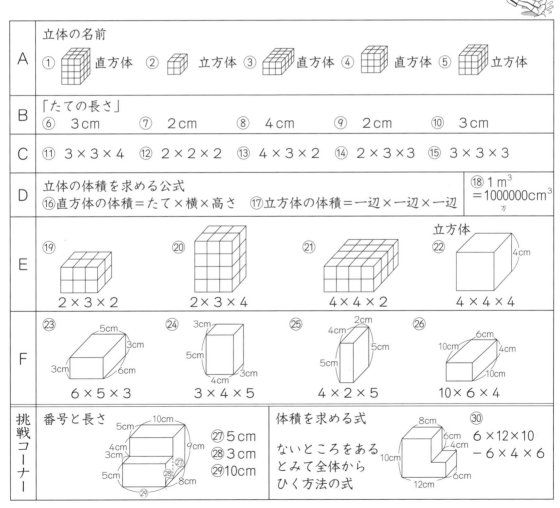

5年　パワーアップ読み上げ計算　　　年　組　番　名前

❹ 体積の単位

文や式も全部言いましょう。

次の立方体の体積
① 1辺1cm　②　　③ (1m×1m×1m)　④ (100cm×100cm×100cm) 答え　　式　　式　　式 　　　　答え　答え　答え

⑤　1辺が1cmの立方体の体積は（　　　　）cm³です。

⑥　1辺が1mの立方体の体積は（　　　　）m³です。

⑦　1m³は（　　　　）cm³です。

⑧　8m³は（　　　　）cm³です。

⑨　1Lは（　　　　）cm³です。

⑩　1mLは（　　　　）cm³です。

⑪　1mLは（　　　　）Lです。

⑫　1000cm³の立方体は，1辺の長さが（　　　　）cmです。
　　また，この立方体は1m³の中に（　　　　）個入ります。

※1分間にどこまで言えるかな？　目標は30秒で12問

14

4 体積の単位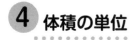

年　組　番　名前

■記録表

月/日	何個	月/日	何個	月/日	何個	月/日	何個
/		/		/		/	
/		/		/		/	
/		/		/		/	
/		/		/		/	
/		/		/		/	
/		/		/		/	

できた数を記録しましょう。

■答え

次の立方体の体積
① 1辺1cm
1cm³（立方センチメートル）

②
10×10×10
＝1000（cm³）（立方センチメートル）

③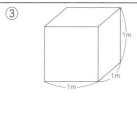
1m³（立方メートル）

④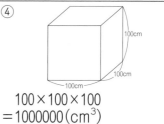
100×100×100
＝1000000（cm³）
（立方センチメートル）

⑤　1辺が1cmの立方体の体積は **1** cm³です。

⑥　1辺が1mの立方体の体積は **1** m³です。

⑦　1m³は**1000000**cm³です。

⑧　8m³は**8000000**cm³です。

⑨　1Lは**1000**cm³です。

⑩　1mLは **1** cm³です。

⑪　1mLは**0.001**Lです。

⑫　1000cm³の立方体は，1辺の長さが**10**cmです。
また，この立方体は1m³の中に**1000**個入ります。

5年 パワーアップ読み上げ計算　　年　組　番　名前

5 面積①

式だけ言いましょう。

	○公式を言いましょう	●面積を求めましょう	◎面積を求めましょう
①	長方形の面積	3cm, 4cm	9cm, 8cm, 15cm
②	正方形の面積	7cm, 6cm, 8cm	5cm, 1cm
③	三角形の面積	6cm, 5cm	4cm, 2cm, 3cm
④	平行四辺形の面積	7cm, 9cm, 3cm	ひし形　10cm, 7cm
⑤	台形の面積	4cm, 5cm, 9cm	6cm, 3cm, 8cm
⑥	ひし形の面積	5cm, 4cm	ひし形　8cm, 15cm

16

5 面積①

年　組　番　名前

■記録表

月/日	何個	月/日	何個	月/日	何個	月/日	何個
/		/		/		/	
/		/		/		/	
/		/		/		/	
/		/		/		/	
/		/		/		/	
/		/		/		/	

できた数を記録しましょう。

5年 パワーアップ読み上げ計算

■答え

	○公式を言いましょう	●面積を求めましょう	◎面積を求めましょう
①	長方形の面積 たて×横	4×3÷2	(9＋15)×8÷2
②	正方形の面積 1辺×1辺	8×6	1×5
③	三角形の面積 底辺×高さ÷2	5×6	3×4÷2
④	平行四辺形の面積 底辺×高さ	9×3÷2	ひし形 10×7÷2（7×10÷2）
⑤	台形の面積 (上底＋下底)×高さ÷2	(4＋9)×5÷2	6×3÷2
⑥	ひし形の面積 対角線×対角線÷2	4×5	ひし形 15×8÷2（8×15÷2）

17

5年 パワーアップ読み上げ計算

年　組　番　名前

6 面積②

式だけ言いましょう。

	○	●	◎
①	平行四辺形の中に長方形の穴 8cm 7cm 4cm 3cm 12cm 式	長方形 9cm 3cm 5cm 6cm 式	平行四辺形 2m 9m 2m 12m 式
②	6cm 12cm 4cm 式	4cm 7cm 3cm 式	7cm 5cm 13cm 式
③	7cm 8cm 4cm 式	6cm 12cm 5.5cm 11cm 式	4cm 9cm 6cm 式
④	8cm 4cm 12cm 式	10cm 3cm 6cm 式	12cm 8.3cm 3.8cm 6cm 式

6 面積②

年　組　番　名前

■記録表

月／日	何個	月／日	何個	月／日	何個	月／日	何個
/		/		/		/	
/		/		/		/	
/		/		/		/	
/		/		/		/	
/		/		/		/	
/		/		/		/	

できた数を記録しましょう。

■答え

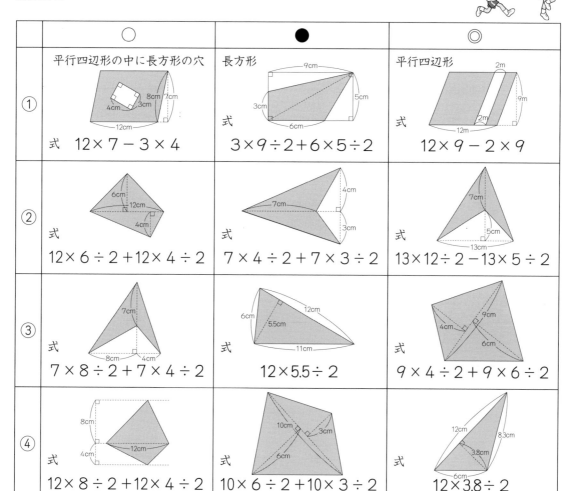

※式は例です。

5年 パワーアップ読み上げ計算　　年　組　番　名前

7 合同の条件

次の三角形と合同な三角形をかくとき，次の角度と辺の長さがわかっています。あとどこの角の大きさや辺の長さがわかればかくことができますか。

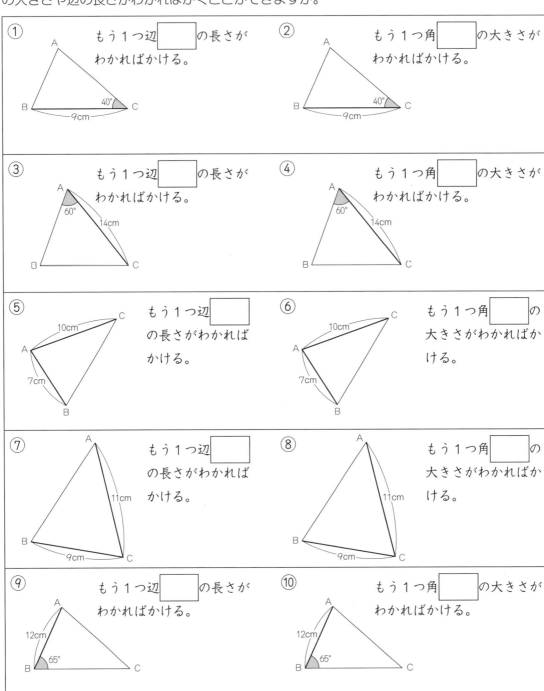

7 合同の条件

年　組　番　名前

■記録表

月／日	何個	月／日	何個	月／日	何個	月／日	何個
/		/		/		/	
/		/		/		/	
/		/		/		/	
/		/		/		/	
/		/		/		/	
/		/		/		/	

できた数を記録しましょう。

■答え

各三角形の数の必要な３カ所に色をつけておきましょう。例→

① もう1つ辺 AC の長さがわかればかける。
2つの辺とそれにはさまれた角

② 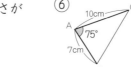 もう1つ角 B の大きさがわかればかける。
1つの辺とその両はしの角

③ もう1つ辺 AB の長さがわかればかける。
2つの辺とそれにはさまれた角

④ もう1つ角 C の大きさがわかればかける。
1つの辺とその両はしの角

⑤ もう1つ辺 BC の長さがわかればかける。
3つの辺

⑥ もう1つ角 A の大きさがわかればかける。
2つの辺とそれにはさまれた角

⑦ もう1つ辺 AB の長さがわかればかける。
3つの辺

⑧ もう1つ角 C の大きさがわかればかける。
2つの辺とそれにはさまれた角

⑨ もう1つ辺 BC の長さがわかればかける。
2つの辺とそれにはさまれた角

⑩ もう1つ角 A の大きさがわかればかける。
1つの辺とその両はしの角

21

5年 パワーアップ読み上げ計算

年　組　番　名前

8 三角形，四角形などの角度

□°を求める式を言いましょう。

	○	●	◎
①	どんな三角形でも3つの角の和は□度	二等辺三角形 35°, 35°	30°, 60°
②	どんな四角形でも4つの角の和は□度	四角形 75°, 70°	二等辺三角形 40°
③	70°, 30°	100°, 120°, 80°	70°, 80°, 110°
④	40°, 110°	五角形の5つの角の和	50°, 110°
⑤	正三角形	六角形の6つの角の和	135°, 100°

22

8 三角形，四角形などの角度

年　組　番　名前

■記録表

月／日	何個	月／日	何個	月／日	何個	月／日	何個
/		/		/		/	
/		/		/		/	
/		/		/		/	
/		/		/		/	
/		/		/		/	
/		/		/		/	

できた数を記録しましょう。

5年 パワーアップ読み上げ計算

■答え

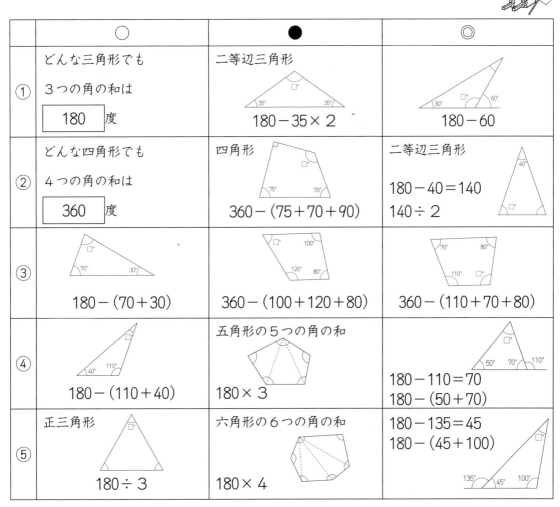

5年 パワーアップ読み上げ計算

❾ 単位の言いかえ 小数

年　組　番　名前

	○	●	◎	❀
①	1 m = □ cm	50cm = □ m	1kg = □ g	5000g = □ kg
②	1.2m = □ cm	200cm = □ m	1.8kg = □ g	700g = □ kg
③	5.8m = □ cm	340cm = □ m	0.7kg = □ g	3800g = □ kg
④	4 m = □ cm	204cm = □ m	2.06kg = □ g	1.5L = □ mL
⑤	0.9m = □ cm	5000m = □ km	1000mL = □ L	2L = □ mL
⑥	1 km = □ m	8 m = □ km	200mL = □ L	1L = □ dL
⑦	0.7km = □ m	600m = □ km	1 L = □ mL	40dL = □ L
⑧	1.9km = □ m	60m = □ km	0.34L = □ mL	36dL = □ L

※1分間にどこまで言えるかな？　目標は1分で24問

9 単位の言いかえ　小数

年　組　番　名前

■答え

	○	●	◎	✿
①	1 m = □ cm 100cm	50cm = □ m 0.5m	1 kg = □ g 1000g	5000g = □ kg 5 kg
②	1.2m = □ cm 120cm	200cm = □ m 2 m	1.8kg = □ g 1800g	700g = □ kg 0.7kg
③	5.8m = □ cm 580cm	340cm = □ m 3.4m	0.7kg = □ g 700g	3800g = □ kg 3.8kg
④	4 m = □ cm 400cm	204cm = □ m 2.04m	2.06kg = □ g 2060g	1.5L = □ mL 1500mL
⑤	0.9m = □ cm 90cm	5000m = □ km 5 km	1000mL = □ L 1 L	2 L = □ mL 2000mL
⑥	1 km = □ m 1000m	8 m = □ km 0.008km	200mL = □ L 0.2L	1 L = □ dL 10dL
⑦	0.7km = □ m 700m	600m = □ km 0.6km	1 L = □ mL 1000mL	40dL = □ L 4 L
⑧	1.9km = □ m 1900m	60m = □ km 0.06km	0.34L = □ mL 340mL	36dL = □ L 3.6L

■記録表

月／日	何個	月／日	何個
／		／	
／		／	
／		／	
／		／	
／		／	
／		／	
／		／	
／		／	
／		／	
／		／	

できた数を記録しましょう。

5年 パワーアップ読み上げ計算

10 小数÷小数の準備

5年 パワーアップ読み上げ計算　　年　組　番　名前

	○	●	◎	✿
①	3.2×10	2.9×100	0.6÷3	0.6÷2
②	4.1×10	4.8×100	0.8÷2	6÷20
③	12.8×10	3×100	0.9÷3	6÷2
④	0.4×10	16×100	1.2÷6	0.8÷4
⑤	0.8×10	0.9×100	1.5÷5	8÷40
⑥	0.05×10	0.5×100	2.8÷4	8÷4
⑦	0.18×10	0.42×100	2÷5	0.5÷1
⑧	5×10	3.14×100	2.5÷5	5÷10
⑨	12×10	10.4×100	3÷5	0.9÷9
⑩	1.07×10	0.87×100	4÷8	9÷90

※1分間にどこまで言えるかな？　目標は1分で40問

10 小数÷小数の準備

年　組　番　名前

■記録表

月／日	何個	月／日	何個	月／日	何個	月／日	何個
／		／		／		／	
／		／		／		／	
／		／		／		／	
／		／		／		／	
／		／		／		／	
／		／		／		／	

できた数を記録しましょう。

5年　パワーアップ読み上げ計算

■答え

	○	●	◎	✿
①	3.2×10 32	2.9×100 290	0.6÷3 0.2	0.6÷2 0.3
②	4.1×10 41	4.8×100 480	0.8÷2 0.4	6÷20 0.3
③	12.8×10 128	3×100 300	0.9÷3 0.3	6÷2 3
④	0.4×10 4	16×100 1600	1.2÷6 0.2	0.8÷4 0.2
⑤	0.8×10 8	0.9×100 90	1.5÷5 0.3	8÷40 0.2
⑥	0.05×10 0.5	0.5×100 50	2.8÷4 0.7	8÷4 2
⑦	0.18×10 1.8	0.42×100 42	2÷5 0.4	0.5÷1 0.5
⑧	5×10 50	3.14×100 314	2.5÷5 0.5	5÷10 0.5
⑨	12×10 120	10.4×100 1040	3÷5 0.6	0.9÷9 0.1
⑩	1.07×10 10.7	0.87×100 87	4÷8 0.5	9÷90 0.1

11 小数×小数の説明

計算のしかたを説明しましょう。

例　2×0.3＝
　　説明のしかた　2×3＝6，6を10でわって　0.6

	○	◎
①	3×0.4	4×0.5
②	40×0.2	70×0.9
③	0.3×0.5	0.6×0.8
④	6×0.07	80×0.07
⑤	300×0.08	500×0.02

※1分間にどこまで言えるかな？

11 小数×小数の説明

年　組　番　名前

■記録表

月／日	何個	月／日	何個	月／日	何個	月／日	何個
／		／		／		／	
／		／		／		／	
／		／		／		／	
／		／		／		／	
／		／		／		／	
／		／		／		／	

できた数を記録しましょう。

■答え

	○	◎
①	3×0.4 3×4＝12, 12を10でわって1.2	4×0.5 4×5＝20, 20を10でわって2
②	40×0.2 40×2＝80, 80を10でわって8	70×0.9 70×9＝630, 630を10でわって63
③	0.3×0.5 3×5＝15, 15を100でわって0.15	0.6×0.8 6×8＝48, 48を100でわって0.48
④	6×0.07 6×7＝42, 42を100でわって0.42	80×0.07 80×7＝560, 560を100でわって5.6
⑤	300×0.08 300×8＝2400, 2400÷100＝24	500×0.02 500×2＝1000, 1000を100でわって10

5年　パワーアップ読み上げ計算　　　年　組　番　名前

12 小数÷小数の説明

計算のしかたを説明しましょう。

	○	◎
①	$6 \div 0.3$ わられる数6，わる数0.3をそれぞれ10倍して60÷3をして，20	$60 \div 0.2$
②	$8 \div 0.2$	$5 \div 0.01$
③	$0.9 \div 0.3$	$0.7 \div 0.7$
④	$2.4 \div 0.4$	$0.6 \div 0.03$
⑤	$5.6 \div 0.08$	$0.04 \div 0.02$

※１分間にどこまで言えるかな？

12 小数÷小数の説明

年　組　番　名前

5年 パワーアップ読み上げ計算

■記録表

月／日	何個	月／日	何個	月／日	何個	月／日	何個
／		／		／		／	
／		／		／		／	
／		／		／		／	
／		／		／		／	
／		／		／		／	
／		／		／		／	

できた数を記録しましょう。

■答え

	○　　　（　）は省略してもよい	◎
①	6÷0.3　（6と0.3の）両方を10倍しても商は同じだから 60÷3 をやって　20	60÷0.2　両方を10倍しても商は同じだから 600÷2 をやって　300
②	8÷0.2　（8と0.2の）両方を10倍しても商は同じだから 80÷2 をやって　40	5÷0.01　両方を100倍しても商は同じだから 500÷1 をやって　500
③	0.9÷0.3　両方を10倍しても商は同じだから 9÷3 をやって　3	0.7÷0.7　両方を10倍しても商は同じだから 7÷7 をやって　1
④	2.4÷0.4　両方を10倍しても商は同じだから 24÷4 をやって　6	0.6÷0.03　両方を100倍しても商は同じだから 60÷3 をやって　20
⑤	5.6÷0.08　両方を100倍しても商は同じだから 560÷8 をやって　70	0.04÷0.02　両方を100倍しても商は同じだから 4÷2 をやって　2

5年 パワーアップ読み上げ計算　　　年　組　番　名前

13　小数のかけ算わり算　混合

	○	●	◎	✿
①	8×0.2	0.3×0.5	12÷0.3	1.2÷4
②	70×0.1	0.4×0.3	1.6÷8	3.5÷1
③	20×0.4	0.03×10	21÷0.7	16÷0.8
④	0.3×7	2.3×1	1÷2	1.6÷1.6
⑤	0.8×0.1	0.3×8	3÷5	0.6÷0.2
⑥	0.1×0.1	10×0.48	3÷2	3.6÷0.9
⑦	0.2×0.2	600×0.2	19÷19	7.1÷10
⑧	0.3×0.3	0.4÷0.1	2÷4	8÷100
⑨	0.4×40	0.3÷0.3	1÷0.5	20÷0.4
⑩	0.56×10	1.2÷0.2	3÷0.5	40÷0.2

※１分間にどこまで言えるかな？　　目標は１分で30問

13 小数のかけ算わり算 混合

年　組　番　名前

■記録表

月／日	何個	月／日	何個	月／日	何個	月／日	何個
／		／		／		／	
／		／		／		／	
／		／		／		／	
／		／		／		／	
／		／		／		／	
／		／		／		／	

できた数を記録しましょう。

■答え

	○	●	◎	✿
①	8×0.2　1.6	0.3×0.5　0.15	12÷0.3　40	1.2÷4　0.3
②	70×0.1　7	0.4×0.3　0.12	1.6÷8　0.2	3.5÷1　3.5
③	20×0.4　8	0.03×10　0.3	21÷0.7　30	16÷0.8　20
④	0.3×7　2.1	2.3×1　2.3	1÷2　0.5	1.6÷1.6　1
⑤	0.8×0.1　0.08	0.3×8　2.4	3÷5　0.6	0.6÷0.2　3
⑥	0.1×0.1　0.01	10×0.48　4.8	3÷2　1.5	3.6÷0.9　4
⑦	0.2×0.2　0.04	600×0.2　120	19÷19　1	7.1÷10　0.71
⑧	0.3×0.3　0.09	0.4÷0.1　4	2÷4　0.5	8÷100　0.08
⑨	0.4×40　16	0.3÷0.3　1	1÷0.5　2	20÷0.4　50
⑩	0.56×10　5.6	1.2÷0.2　6	3÷0.5　6	40÷0.2　200

14 積や商が，もとの数より大きくなるか小さくなるか

「○が………積（商）は○より大きくなる」と文で答えましょう。

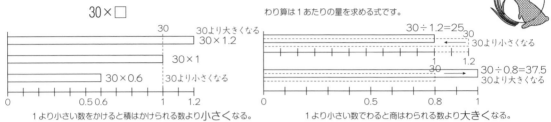

	○	●	◎
解答例	30×0.6 の積は 0.6が1より小さいから 大きく　小さく 30より_____なる。	30÷0.6 の商は 0.6が1より小さいから 大きく　小さく 30より_____なる。	4.4×0.95 の積は 0.95が1より小さいから 4.4より_____なる。
①	12×1.5 の積は ___が___から 12より___なる。	12÷1.5 の商は ___が___から 12より___なる。	1.68×1.02 の積は ___が___から ___より___なる。
②	6×0.8 の積は ___が___から 6より___なる。	6÷0.8 の商は ___が___から ___より___なる。	3.5÷1.4 の商は ___が___から ___より___なる。
③	0.5×0.48 の積は ___が___から 0.5より___なる。	2.5÷0.4 の商は ___が___から ___より___なる。	0.2÷0.8 の商は ___が___から ___より___なる。
④	6.4×2.5 の積は ___が___から ___より___なる。	0.75÷1.5 の商は ___が___から ___より___なる。	0.2×0.7 の積は ___が___から ___より___なる。

14 積や商が，もとの数より大きくなるか小さくなるか

年　組　番　名前

■記録表

月／日	何個	月／日	何個	月／日	何個	月／日	何個
／		／		／		／	
／		／		／		／	
／		／		／		／	
／		／		／		／	
／		／		／		／	
／		／		／		／	

できた数を記録しましょう。

5年　パワーアップ読み上げ計算

■答え

	○	●	◎
解答例	30×<u>0.6</u> の積は 0.6が1より小さいから <u>30</u>より小さくなる。	30÷<u>0.6</u> の商は 0.6が1より小さいから <u>30</u>より大きくなる。	4.4×<u>0.95</u> の積は 0.95が1より小さいから <u>4.4</u>より小さくなる。
①	12×<u>1.5</u> の積は 1.5が1より大きいから <u>12</u>より大きくなる。	12÷<u>1.5</u> の商は 1.5が1より1大きいから <u>12</u>より小さくなる。	1.68×<u>1.02</u> の1積は 1.02が1より大きいから <u>1.68</u>より大きくなる。
②	6×<u>0.8</u> の積は 0.8が1より小さいから <u>6</u>より小さくなる。	6÷<u>0.8</u> の商は 0.8が1より小さいから <u>6</u>より大きくなる。	3.5÷<u>1.4</u> の商は 1.4が1より1大きいから <u>3.5</u>より小さくなる。
③	0.5×<u>0.48</u> の積は 0.48が1より小さいから <u>0.5</u>より小さくなる。	2.5÷<u>0.4</u> の商は 0.4が1より小さいから <u>2.5</u>より大きくなる。	0.2÷<u>0.8</u> の商は 0.8が1より小さいから <u>0.2</u>より大きくなる。
④	6.4×<u>2.5</u> の積は 2.5が1より大きいから <u>6.4</u>より大きくなる。	0.75÷<u>1.5</u> の商は 1.5が1より大きいから <u>0.75</u>より小さくなる。	0.2×<u>0.7</u> の積は 0.7が1より小さいから <u>0.2</u>より小さくなる。

35

5年 パワーアップ読み上げ計算

15 小数倍

XとYの関係をYを1とみたとき、Xを求めます。

$\boxed{X}$ は $\boxed{Y}$ の $\boxed{}$ 倍

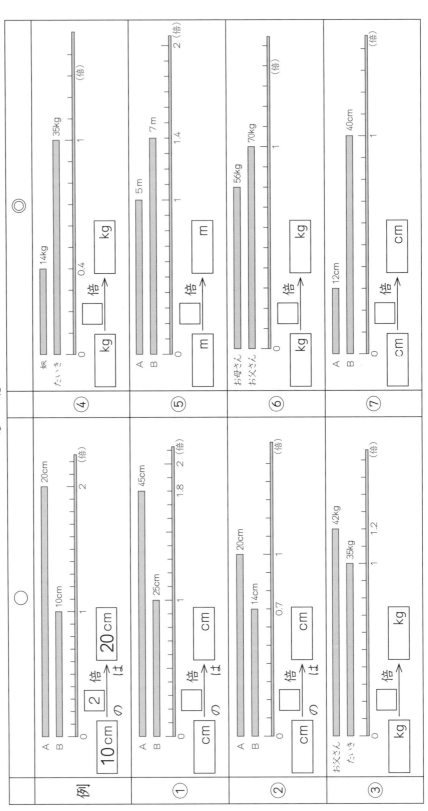

※1分間にどこまで言えるかな？

5年　パワーアップ読み上げ計算

年　　組　　番　名前

記録表

月／日	何個	月／日	何個
／		／	
／		／	
／		／	
／		／	
／		／	
／		／	
／		／	
／		／	
／		／	
／		／	
／		／	
／		／	

できた数を記録しましょう。

---

15 小数倍

答え

例）
10cm の 2倍 は 20cm
$10 \times 2 = 20$　20cm

① 25cm の 1.8倍 は 45cm
$25 \times 1.8 = 45$　45cm

② 20cm の 0.7倍 は 14cm
$20 \times 0.7 = 14$　14cm

③ 35kg の 1.2倍 は 42kg
$35 \times 1.2 = 42$　42kg

④ 35kg の 0.4倍 は 14kg
$35 \times 0.4 = 14$　14kg

⑤ 5m の 1.4倍 は 7m
$5 \times 1.4 = 7$　7m

⑥ 70kg の 0.8倍 は 56kg
$70 \times 0.8 = 56$　56kg

⑦ 40cm の 0.3倍 は 12cm
$40 \times 0.3 = 12$　12cm

5年 パワーアップ読み上げ計算　　年　組　番　名前

16 偶数か奇数か

	○	◎	✿
①	偶数とは	13は	16 は，2でわり切れ（　）
②	奇数とは	9は	201 は，2でわり切れ（　）
③	4は　どっち？	0は	24 は，2でわり切れ（　）
④	7は　どっち？	15は	32 は，2でわり切れ（　）
⑤	11は　どっち？	100は	17 は，2でわり切れ（　）
⑥	12は　どっち？	14は	18 は，2でわり切れ（　）
⑦	偶数は一の位が　数字を言う	偶数はどれ？(0, 18, 20, 25)	13 は，2でわり切れ（　）
⑧	奇数は一の位が　数字を言う	奇数はどれ？(11, 12, 33, 40)	25 は，2でわり切れ（　）
⑨	27は　どっち？	偶数はどれ？(5, 9, 10, 19, 118)	714 は，2でわり切れ（　）
⑩	102は　どっち？	奇数はどれ？(1, 4, 17, 34, 123)	445 は，2でわり切れ（　）

※ 1分間にどこまで言えるかな？　目標は1分で30問
※ ⑦〜⑩は挑戦コーナーです。

16 偶数か奇数か

年　組　番　名前

■記録表

月／日	何個	月／日	何個	月／日	何個	月／日	何個
／		／		／		／	
／		／		／		／	
／		／		／		／	
／		／		／		／	
／		／		／		／	
／		／		／		／	

できた数を記録しましょう。

■答え

	○	◎	◉
①	偶数とは　2でわってわり切れる数です。	13は　奇数	16　は，2でわり切れる
②	奇数とは　2でわって1あまる数です。	9は　奇数	201　は，2でわり切れない
③	4は　偶数	0は　偶数	24　は，2でわり切れる
④	7は　奇数	15は　奇数	32　は，2でわり切れる
⑤	11は　奇数	100は　偶数	17　は，2でわり切れない
⑥	12は　偶数	14は　偶数	18　は，2でわり切れる
⑦	偶数は一の位が　0，2，4，6，8	(0, 18, 20, 25) 偶数は　0, 18, 20	13　は，2でわり切れない
⑧	奇数は一の位が　1，3，5，7，9	(11, 12, 33, 40) 奇数は　11, 33	25　は，2でわり切れない
⑨	27は　奇数	(5, 9, 10, 19, 118) 偶数は　10, 118	714　は，2でわり切れる
⑩	102は　偶数	(1, 4, 17, 34, 123) 奇数は　1, 17, 123	445　は，2でわり切れない

5年　パワーアップ読み上げ計算

年　　組　　番　　名前

17 公約数を速く見つけるための練習

次の数になる九九のかけ算を見つけましょう。1×□は省きます。
見つからないときは，2×□　3×□　4×□……と順に見つけましょう。

○	●	◎（2組あります）
① 8 = □×□	⑭ 35 = □×□	㉖ 16 = □×□
② 27 = □×□	⑮ 42 = □×□	16 = □×□
③ 9 = □×□	⑯ 64 = □×□	㉗ 18 = □×□
④ 6 = □×□	⑰ 54 = □×□	18 = □×□
⑤ 15 = □×□	⑱ 56 = □×□	㉘ 12 = □×□
⑥ 14 = □×□	⑲ 72 = □×□	12 = □×□
⑦ 10 = □×□	⑳ 40 = □×□	㉙ 36 = □×□
⑧ 4 = □×□	㉑ 48 = □×□	36 = □×□
⑨ 25 = □×□	㉒ 81 = □×□	㉚ 24 = □×□
⑩ 63 = □×□	㉓ 45 = □×□	24 = □×□
⑪ 49 = □×□	㉔ 20 = □×□	
⑫ 32 = □×□	㉕ 42 = □×□	
⑬ 21 = □×□		

40

17 公約数を速く見つけるための練習

年　組　番　名前

■記録表

月／日	何個	月／日	何個	月／日	何個	月／日	何個
／		／		／		／	
／		／		／		／	
／		／		／		／	
／		／		／		／	
／		／		／		／	
／		／		／		／	

できた数を記録しましょう。

■答え

数字は逆でもよい。式の順がちがってもよい。

○	●	◎
① 8 = 2 × 4	⑭ 35 = 5 × 7	㉖ 16 = 2 × 8
② 27 = 3 × 9	⑮ 42 = 6 × 7	16 = 4 × 4
③ 9 = 3 × 3	⑯ 64 = 8 × 8	㉗ 18 = 2 × 9
④ 6 = 2 × 3	⑰ 54 = 6 × 9	18 = 3 × 6
⑤ 15 = 3 × 5	⑱ 56 = 7 × 8	㉘ 12 = 2 × 6
⑥ 14 = 2 × 7	⑲ 72 = 8 × 9	12 = 3 × 4
⑦ 10 = 2 × 5	⑳ 40 = 5 × 8	㉙ 36 = 4 × 9
⑧ 4 = 2 × 2	㉑ 48 = 6 × 8	36 = 6 × 6
⑨ 25 = 5 × 5	㉒ 81 = 9 × 9	㉚ 24 = 3 × 8
⑩ 63 = 7 × 9	㉓ 45 = 5 × 9	24 = 4 × 6
⑪ 49 = 7 × 7	㉔ 20 = 4 × 5	
⑫ 32 = 4 × 8	㉕ 42 = 6 × 7	
⑬ 21 = 3 × 7		

41

5年 パワーアップ読み上げ計算　　年　組　番　名前

18 約数と倍数

約数を全部言いましょう。

① 2の約数　1, 2

② 3の約数

③ 4の約数

④ 5の約数

⑤ 6の約数

⑥ 7の約数

⑦ 8の約数

⑧ 9の約数

⑨ 10の約数

⑩ 11の約数

⑪ 12の約数

⑫ 15の約数

⑬ 18の約数

⑭ 20の約数

⑮ 24の約数

倍数をはじめから4つ言いましょう。

① 2の倍数　2, 4, 6, 8

② 3の倍数

③ 4の倍数

④ 5の倍数

⑤ 6の倍数

⑥ 7の倍数

⑦ 8の倍数

⑧ 9の倍数

⑨ 10の倍数

⑩ 11の倍数

⑪ 12の倍数

⑫ 15の倍数

⑬ 18の倍数

⑭ 20の倍数

⑮ 24の倍数

18 約数と倍数

年　組　番　名前

5年　パワーアップ読み上げ計算

■記録表

月／日	何個	月／日	何個	月／日	何個	月／日	何個
／		／		／		／	
／		／		／		／	
／		／		／		／	
／		／		／		／	
／		／		／		／	
／		／		／		／	

できた数を記録しましょう。

■答え

① 2の約数　1，2

② 3の約数　1，3

③ 4の約数　1，2，4

④ 5の約数　1，5

⑤ 6の約数　1，2，3，6

⑥ 7の約数　1，7

⑦ 8の約数　1，2，4，8

⑧ 9の約数　1，3，9

⑨ 10の約数　1，2，5，10

⑩ 11の約数　1，11

⑪ 12の約数　1，2，3，4，6，12

⑫ 15の約数　1，3，5，15

⑬ 18の約数　1，2，3，6，9，18

⑭ 20の約数　1，2，4，5，10，20

⑮ 24の約数　1，2，3，4，6，8，12，24

① 2の倍数　2，4，6，8

② 3の倍数　3，6，9，12

③ 4の倍数　4，8，12，16

④ 5の倍数　5，10，15，20

⑤ 6の倍数　6，12，18，24

⑥ 7の倍数　7，14，21，28

⑦ 8の倍数　8，16，24，32

⑧ 9の倍数　9，18，27，36

⑨ 10の倍数　10，20，30，40

⑩ 11の倍数　11，22，33，44

⑪ 12の倍数　12，24，36，48

⑫ 15の倍数　15，30，45，60

⑬ 18の倍数　18，36，54，72

⑭ 20の倍数　20，40，60，80

⑮ 24の倍数　24，48，72，96

19 公約数 素数

	公約数 ○	公約数 ◎	素数か素数ではないか
①	4 と 6	6 と 9	11 は 素数で□
②	8 と 12	2 と 6	8 は 素数で□
③	5 と 9	3 と 12	7 は 素数で□
④	8 と 16	10 と 12	9 は 素数で□
⑤	9 と 15	6 と 8	25 は 素数で□
⑥	12 と 18	21 と 14	26 は 素数で□
⑦	15 と 25	7 と 4	23 は 素数で□
⑧	20 と 30	40 と 60	27 は 素数で□
⑨	18 と 27	24 と 18	22 は 素数で□
⑩	24 と 36	30 と 40	13 は 素数で□

※1分間にどこまで言えるかな？

19 公約数　素数

年　組　番　名前

5年 パワーアップ読み上げ計算

■記録表

月/日	何個	月/日	何個	月/日	何個	月/日	何個
/		/		/		/	
/		/		/		/	
/		/		/		/	
/		/		/		/	
/		/		/		/	
/		/		/		/	

できた数を記録しましょう。

■答え

	公約数 ○	公約数 ◎	素数か素数でないか
①	4 と 6 1, 2	6 と 9 1, 3	11は素数である
②	8 と 12 1, 2, 4	2 と 6 1, 2	8は素数ではない
③	5 と 9 1	3 と 12 1, 3	7は素数である
④	8 と 16 1, 2, 4, 8	10 と 12 1, 2	9は素数ではない
⑤	9 と 15 1, 3	6 と 8 1, 2	25は素数ではない
⑥	12 と 18 1, 2, 3, 6	21 と 14 1, 7	26は素数ではない
⑦	15 と 25 1, 5	7 と 4 1	23は素数である
⑧	20 と 30 1, 2, 5, 10	40 と 60 1, 2, 4, 5, 10, 20	27は素数ではない
⑨	18 と 27 1, 3, 9	24 と 18 1, 2, 3, 6	22は素数ではない
⑩	24 と 36 1, 2, 3, 4, 6, 12	30 と 40 1, 2, 5, 10	13は素数である

45

20 最小公倍数と最大公約数

	最小公倍数 ○	最小公倍数 ●	最大公約数 ◎	最大公約数 ✿
①	3と5	4と5	2と6	4と5
②	4と6	6と8	6と9	8と10
③	2と3	10と15	9と27	20と30
④	6と9	10と8	10と15	6と8
⑤	8と12	7と5	16と20	12と20
⑥	2と5	12と18	12と15	21と27
⑦	4と8	3と15	4と16	24と30
⑧	3と4	6と5	10と12	21と35
⑨	6と10	20と30	24と36	18と24
⑩	4と12	10と4	11と22	40と60

※1分間にどこまで言えるかな?

20 最小公倍数と最大公約数

年　組　番　名前

■記録表

月／日	何個	月／日	何個	月／日	何個	月／日	何個
／		／		／		／	
／		／		／		／	
／		／		／		／	
／		／		／		／	
／		／		／		／	
／		／		／		／	

できた数を記録しましょう。

■答え

	最小公倍数 ○	最小公倍数 ●	最大公約数 ◎	最大公約数 ✿
①	3と5　15	4と5　20	2と6　2	4と5　1
②	4と6　12	6と8　24	6と9　3	8と10　2
③	2と3　6	10と15　30	9と27　9	20と30　10
④	6と9　18	10と8　40	10と15　5	6と8　2
⑤	8と12　24	7と5　35	16と20　4	12と20　4
⑥	2と5　10	12と18　36	12と15　3	21と27　3
⑦	4と8　8	3と15　15	4と16　4	24と30　6
⑧	3と4　12	6と5　30	10と12　2	21と35　7
⑨	6と10　30	20と30　60	24と36　12	18と24　6
⑩	4と12　12	10と4　20	11と22　11	40と60　20

47

5年 パワーアップ読み上げ計算

年　組　番　名前

21 等しい分数

	○	●	◎
①	$\dfrac{2}{3}=\dfrac{\Box}{9}$	$\dfrac{8}{10}=\dfrac{\Box}{5}$	$\dfrac{\Box}{12}=\dfrac{5}{6}$
②	$\dfrac{1}{2}=\dfrac{\Box}{6}$	$\dfrac{9}{21}=\dfrac{\Box}{7}$	$\dfrac{\Box}{12}=\dfrac{2}{3}$
③	$\dfrac{1}{3}=\dfrac{\Box}{9}$	$\dfrac{6}{5}=\dfrac{\Box}{10}$	$\dfrac{3}{\Box}=\dfrac{15}{25}$
④	$\dfrac{1}{2}=\dfrac{\Box}{10}$	$\dfrac{9}{12}=\dfrac{\Box}{4}$	$\dfrac{4}{\Box}=\dfrac{12}{15}$
⑤	$\dfrac{3}{4}=\dfrac{15}{\Box}$	$\dfrac{6}{8}=\dfrac{\Box}{4}$	$\dfrac{2}{3}=\dfrac{\Box}{18}$
⑥	$\dfrac{7}{9}=\dfrac{14}{\Box}$	$\dfrac{10}{15}=\dfrac{2}{\Box}$	$\dfrac{10}{25}=\dfrac{\Box}{5}$
⑦	$\dfrac{3}{5}=\dfrac{12}{\Box}$	$\dfrac{9}{15}=\dfrac{3}{\Box}$	$\dfrac{3}{4}=\dfrac{15}{\Box}$
⑧	$\dfrac{4}{3}=\dfrac{20}{\Box}$	$\dfrac{2}{3}=\dfrac{10}{\Box}$	$\dfrac{16}{24}=\dfrac{2}{\Box}$

21 等しい分数

年　組　番　名前

5年 パワーアップ読み上げ計算

■記録表

月／日	何個	月／日	何個	月／日	何個	月／日	何個
／		／		／		／	
／		／		／		／	
／		／		／		／	
／		／		／		／	
／		／		／		／	
／		／		／		／	

できた数を記録しましょう。

■答え

	○	●	◎
①	$\frac{2}{3}=\frac{\boxed{6}}{9}$	$\frac{8}{10}=\frac{\boxed{4}}{5}$	$\frac{\boxed{10}}{12}=\frac{5}{6}$
②	$\frac{1}{2}=\frac{\boxed{3}}{6}$	$\frac{9}{21}=\frac{\boxed{3}}{7}$	$\frac{\boxed{8}}{12}=\frac{2}{3}$
③	$\frac{1}{3}=\frac{\boxed{3}}{9}$	$\frac{6}{5}=\frac{\boxed{12}}{10}$	$\frac{3}{\boxed{5}}=\frac{15}{25}$
④	$\frac{1}{2}=\frac{\boxed{5}}{10}$	$\frac{9}{12}=\frac{\boxed{3}}{4}$	$\frac{4}{\boxed{5}}=\frac{12}{15}$
⑤	$\frac{3}{4}=\frac{15}{\boxed{20}}$	$\frac{6}{8}=\frac{\boxed{3}}{4}$	$\frac{2}{3}=\frac{\boxed{12}}{18}$
⑥	$\frac{7}{9}=\frac{14}{\boxed{18}}$	$\frac{10}{15}=\frac{2}{\boxed{3}}$	$\frac{10}{25}=\frac{\boxed{2}}{5}$
⑦	$\frac{3}{5}=\frac{12}{\boxed{20}}$	$\frac{9}{15}=\frac{3}{\boxed{5}}$	$\frac{3}{4}=\frac{15}{\boxed{20}}$
⑧	$\frac{4}{3}=\frac{20}{\boxed{15}}$	$\frac{2}{3}=\frac{10}{\boxed{15}}$	$\frac{16}{24}=\frac{2}{\boxed{3}}$

22 約分

5年 パワーアップ読み上げ計算　　年　組　番　名前

約分できないものは「約分できない」と言います。

	○	●	◎	✿
①	$\dfrac{4}{6}$	$\dfrac{8}{10}$	$\dfrac{9}{12}$	$\dfrac{12}{14}$
②	$\dfrac{3}{6}$	$\dfrac{9}{10}$	$\dfrac{8}{12}$	$\dfrac{7}{14}$
③	$\dfrac{3}{9}$	$\dfrac{6}{10}$	$\dfrac{14}{30}$	$\dfrac{7}{9}$
④	$\dfrac{2}{4}$	$\dfrac{5}{20}$	$\dfrac{12}{15}$	$\dfrac{25}{50}$
⑤	$\dfrac{6}{8}$	$\dfrac{10}{15}$	$\dfrac{12}{18}$	$\dfrac{12}{16}$
⑥	$\dfrac{4}{8}$	$\dfrac{8}{15}$	$\dfrac{10}{25}$	$\dfrac{24}{36}$
⑦	$\dfrac{3}{15}$	$\dfrac{10}{12}$	$\dfrac{15}{20}$	$\dfrac{20}{42}$
⑧	$\dfrac{3}{18}$	$\dfrac{20}{30}$	$\dfrac{16}{24}$	$\dfrac{40}{60}$

22 約分

年　組　番　名前

■記録表

月/日	何個	月/日	何個	月/日	何個	月/日	何個
/		/		/		/	
/		/		/		/	
/		/		/		/	
/		/		/		/	
/		/		/		/	
/		/		/		/	

できた数を記録しましょう。

■答え

わからない人にはいくつで約分するか教えます。

	○	●	◎	✿
①	$\frac{4}{6}=\frac{2}{3}$ 2で約分	$\frac{8}{10}=\frac{4}{5}$ 2で約分	$\frac{9}{12}=\frac{3}{4}$ 3で約分	$\frac{12}{14}=\frac{6}{7}$ 2で約分
②	$\frac{3}{6}=\frac{1}{2}$ 3で約分	$\frac{9}{10}=$ 約分できない	$\frac{8}{12}=\frac{2}{3}$ 4で約分	$\frac{7}{14}=\frac{1}{2}$ 7で約分
③	$\frac{3}{9}=\frac{1}{3}$ 3で約分	$\frac{6}{10}=\frac{3}{5}$ 2で約分	$\frac{14}{30}=\frac{7}{15}$ 2で約分	$\frac{7}{9}=$ 約分できない
④	$\frac{2}{4}=\frac{1}{2}$ 2で約分	$\frac{5}{20}=\frac{1}{4}$ 5で約分	$\frac{12}{15}=\frac{4}{5}$ 3で約分	$\frac{25}{50}=\frac{1}{2}$ 25で約分
⑤	$\frac{6}{8}=\frac{3}{4}$ 2で約分	$\frac{10}{15}=\frac{2}{3}$ 5で約分	$\frac{12}{18}=\frac{2}{3}$ 6で約分	$\frac{12}{16}=\frac{3}{4}$ 4で約分
⑥	$\frac{4}{8}=\frac{1}{2}$ 4で約分	$\frac{8}{15}=$ 約分できない	$\frac{10}{25}=\frac{2}{5}$ 5で約分	$\frac{24}{36}=\frac{2}{3}$ 12で約分
⑦	$\frac{3}{15}=\frac{1}{5}$ 3で約分	$\frac{10}{12}=\frac{5}{6}$ 2で約分	$\frac{15}{20}=\frac{3}{4}$ 5で約分	$\frac{20}{42}=\frac{10}{21}$ 2で約分
⑧	$\frac{3}{18}=\frac{1}{6}$ 3で約分	$\frac{20}{30}=\frac{2}{3}$ 10で約分	$\frac{16}{24}=\frac{2}{3}$ 8で約分	$\frac{40}{60}=\frac{2}{3}$ 20で約分

23 通分

5年 パワーアップ読み上げ計算　年　組　番　名前

通分をしましょう。

	○	●	◎
①	$\frac{1}{2}$ と $\frac{1}{3}$	$\frac{3}{4}$ と $\frac{5}{6}$	$\frac{1}{2}$ と $\frac{1}{4}$ と $\frac{1}{3}$
②	$\frac{1}{3}$ と $\frac{1}{5}$	$\frac{7}{6}$ と $\frac{4}{9}$	$\frac{1}{3}$ と $\frac{3}{4}$ と $\frac{2}{5}$
③	$\frac{1}{3}$ と $\frac{4}{7}$	$\frac{5}{12}$ と $\frac{1}{6}$	$\frac{1}{4}$ と $\frac{1}{2}$ と $\frac{3}{8}$
④	$\frac{1}{4}$ と $\frac{2}{9}$	$\frac{1}{2}$ と $\frac{1}{6}$	$\frac{1}{3}$ と $\frac{1}{4}$ と $\frac{5}{6}$
⑤	$\frac{2}{3}$ と $\frac{1}{4}$	$\frac{5}{6}$ と $\frac{3}{8}$	$\frac{3}{4}$ と $\frac{1}{5}$ と $\frac{1}{6}$
⑥	$\frac{2}{5}$ と $\frac{5}{6}$	$\frac{8}{9}$ と $\frac{1}{3}$	$\frac{1}{2}$ と $\frac{5}{6}$ と $\frac{3}{5}$
⑦	$\frac{5}{6}$ と $\frac{2}{7}$	$\frac{3}{4}$ と $\frac{5}{12}$	$\frac{1}{3}$ と $\frac{7}{12}$ と $\frac{3}{4}$
⑧	$\frac{3}{4}$ と $\frac{2}{5}$	$\frac{3}{8}$ と $\frac{7}{10}$	$\frac{3}{5}$ と $\frac{3}{10}$ と $\frac{1}{2}$

23 通分

年　組　番　名前

5年　パワーアップ読み上げ計算

■記録表

月／日	何個	月／日	何個	月／日	何個	月／日	何個
/		/		/		/	
/		/		/		/	
/		/		/		/	
/		/		/		/	
/		/		/		/	
/		/		/		/	

できた数を記録しましょう。

■答え

	○	●	◎
①	$\frac{1}{2}$と$\frac{1}{3}$ ⇒ ($\frac{3}{6}$と$\frac{2}{6}$)	$\frac{3}{4}$と$\frac{5}{6}$ ⇒ ($\frac{9}{12}$と$\frac{10}{12}$)	$\frac{1}{2}$と$\frac{1}{4}$と$\frac{1}{3}$ ⇒ ($\frac{6}{12}$と$\frac{3}{12}$と$\frac{4}{12}$)
②	$\frac{1}{3}$と$\frac{1}{5}$ ⇒ ($\frac{5}{15}$と$\frac{3}{15}$)	$\frac{7}{6}$と$\frac{4}{9}$ ⇒ ($\frac{21}{18}$と$\frac{8}{18}$)	$\frac{1}{3}$と$\frac{3}{4}$と$\frac{2}{5}$ ⇒ ($\frac{20}{60}$と$\frac{45}{60}$と$\frac{24}{60}$)
③	$\frac{1}{3}$と$\frac{4}{7}$ ⇒ ($\frac{7}{21}$と$\frac{12}{21}$)	$\frac{5}{12}$と$\frac{1}{6}$ ⇒ ($\frac{5}{12}$と$\frac{2}{12}$)	$\frac{1}{4}$と$\frac{1}{2}$と$\frac{3}{8}$ ⇒ ($\frac{2}{8}$と$\frac{4}{8}$と$\frac{3}{8}$)
④	$\frac{1}{4}$と$\frac{2}{9}$ ⇒ ($\frac{9}{36}$と$\frac{8}{36}$)	$\frac{1}{2}$と$\frac{1}{6}$ ⇒ ($\frac{3}{6}$と$\frac{1}{6}$)	$\frac{1}{3}$と$\frac{1}{4}$と$\frac{5}{6}$ ⇒ ($\frac{4}{12}$と$\frac{3}{12}$と$\frac{10}{12}$)
⑤	$\frac{2}{3}$と$\frac{1}{4}$ ⇒ ($\frac{8}{12}$と$\frac{3}{12}$)	$\frac{5}{6}$と$\frac{3}{8}$ ⇒ ($\frac{20}{24}$と$\frac{9}{24}$)	$\frac{3}{4}$と$\frac{1}{5}$と$\frac{1}{6}$ ⇒ ($\frac{45}{60}$と$\frac{12}{60}$と$\frac{10}{60}$)
⑥	$\frac{2}{5}$と$\frac{5}{6}$ ⇒ ($\frac{12}{30}$と$\frac{25}{30}$)	$\frac{8}{9}$と$\frac{1}{3}$ ⇒ ($\frac{8}{9}$と$\frac{3}{9}$)	$\frac{1}{2}$と$\frac{5}{6}$と$\frac{3}{5}$ ⇒ ($\frac{15}{30}$と$\frac{25}{30}$と$\frac{18}{30}$)
⑦	$\frac{5}{6}$と$\frac{2}{7}$ ⇒ ($\frac{35}{42}$と$\frac{12}{42}$)	$\frac{3}{4}$と$\frac{5}{12}$ ⇒ ($\frac{9}{12}$と$\frac{5}{12}$)	$\frac{1}{3}$と$\frac{7}{12}$と$\frac{3}{4}$ ⇒ ($\frac{4}{12}$と$\frac{7}{12}$と$\frac{9}{12}$)
⑧	$\frac{3}{4}$と$\frac{2}{5}$ ⇒ ($\frac{15}{20}$と$\frac{8}{20}$)	$\frac{3}{8}$と$\frac{7}{10}$ ⇒ ($\frac{15}{40}$と$\frac{28}{40}$)	$\frac{3}{5}$と$\frac{3}{10}$と$\frac{1}{2}$ ⇒ ($\frac{6}{10}$と$\frac{3}{10}$と$\frac{5}{10}$)

53

24 分数×整数，分数÷整数

	○	●	◎
①	$\frac{3}{4} \times 5$	$\frac{2}{3} \div 3$	$\frac{5}{6} \times 5$
②	$\frac{2}{3} \times 2$	$\frac{1}{4} \div 2$	$\frac{7}{10} \times 3$
③	$\frac{2}{5} \times 4$	$\frac{3}{5} \div 4$	$\frac{2}{9} \times 5$
④	$\frac{3}{7} \times 4$	$\frac{5}{6} \div 2$	$\frac{1}{12} \times 5$
⑤	$\frac{3}{10} \times 7$	$\frac{6}{7} \div 5$	$\frac{4}{7} \div 5$
⑥	$\frac{4}{9} \times 5$	$\frac{3}{4} \div 2$	$\frac{3}{8} \div 2$
⑦	$\frac{5}{8} \times 3$	$\frac{7}{9} \div 6$	$\frac{9}{10} \div 4$
⑧	$\frac{1}{6} \times 5$	$\frac{9}{10} \div 7$	$\frac{12}{5} \div 7$

24 分数×整数，分数÷整数

年　組　番　名前

5年 パワーアップ読み上げ計算

■記録表

月／日	何個	月／日	何個	月／日	何個	月／日	何個
／		／		／		／	
／		／		／		／	
／		／		／		／	
／		／		／		／	
／		／		／		／	
／		／		／		／	

できた数を記録しましょう。

■答え

	○	●	◎
①	$\frac{3}{4} \times 5 = \frac{15}{4}$	$\frac{2}{3} \div 3 = \frac{2}{9}$	$\frac{5}{6} \times 5 = \frac{25}{6}$
②	$\frac{2}{3} \times 2 = \frac{4}{3}$	$\frac{1}{4} \div 2 = \frac{1}{8}$	$\frac{7}{10} \times 3 = \frac{21}{10}$
③	$\frac{2}{5} \times 4 = \frac{8}{5}$	$\frac{3}{5} \div 4 = \frac{3}{20}$	$\frac{2}{9} \times 5 = \frac{10}{9}$
④	$\frac{3}{7} \times 4 = \frac{12}{7}$	$\frac{5}{6} \div 2 = \frac{5}{12}$	$\frac{1}{12} \times 5 = \frac{5}{12}$
⑤	$\frac{3}{10} \times 7 = \frac{21}{10}$	$\frac{6}{7} \div 5 = \frac{6}{35}$	$\frac{4}{7} \div 5 = \frac{4}{35}$
⑥	$\frac{4}{9} \times 5 = \frac{20}{9}$	$\frac{3}{4} \div 2 = \frac{3}{8}$	$\frac{3}{8} \div 2 = \frac{3}{16}$
⑦	$\frac{5}{8} \times 3 = \frac{15}{8}$	$\frac{7}{9} \div 6 = \frac{7}{54}$	$\frac{9}{10} \div 4 = \frac{9}{40}$
⑧	$\frac{1}{6} \times 5 = \frac{5}{6}$	$\frac{9}{10} \div 7 = \frac{9}{70}$	$\frac{12}{5} \div 7 = \frac{12}{35}$

5年 パワーアップ読み上げ計算　　年　組　番　名前

25　分数を小数に変える　小数を分数に変える

	○小数にする	●	◎小数にする	◎
①	$\frac{1}{2}=\square\div\square=$	$0.3=\frac{\square}{\square}$	$\frac{4}{5}=$	$1.3=\frac{\square}{10}$
②	$\frac{3}{2}=\square\div\square=$	$0.6=\frac{\square}{\square}$	$\frac{3}{5}=$	$1.7=\frac{\square}{10}$
③	$\frac{1}{5}=\square\div\square=$	$0.9=\frac{\square}{\square}$	$\frac{6}{5}=$	$2.3=\frac{\square}{10}$
④	$\frac{2}{5}=\square\div\square=$	$0.08=\frac{\square}{\square}$	$\frac{9}{10}=$	$7.5=\frac{\square}{10}$
⑤	$\frac{1}{10}=\square\div\square=$	$0.09=\frac{\square}{\square}$	$\frac{7}{10}=$	$1.36=\frac{\square}{100}$
⑥	$\frac{3}{10}=\square\div\square=$	$0.23=\frac{\square}{\square}$	$\frac{1}{4}=$	$2.03=\frac{\square}{100}$
⑦	$\frac{7}{100}=\square\div\square=$	$0.67=\frac{\square}{\square}$	$\frac{18}{100}=$	$0.001=\frac{\square}{1000}$
⑧	$\frac{29}{100}=\square\div\square=$	$0.99=\frac{\square}{\square}$	$\frac{50}{100}=$	$0.107=\frac{\square}{1000}$

25 分数を小数に変える 小数を分数に変える

年　組　番　名前

5年 パワーアップ読み上げ計算

■記録表

月／日	何個	月／日	何個	月／日	何個	月／日	何個
／		／		／		／	
／		／		／		／	
／		／		／		／	
／		／		／		／	
／		／		／		／	
／		／		／		／	

できた数を記録しましょう。

■答え

	○	●	◎	✿
①	$\frac{1}{2} = 1 \div 2 = 0.5$	$0.3 = \frac{3}{10}$	$\frac{4}{5} = 4 \div 5 = 0.8$	$1.3 = \frac{13}{10}$
②	$\frac{3}{2} = 3 \div 2 = 1.5$	$0.6 = \frac{6}{10}$	$\frac{3}{5} = 3 \div 5 = 0.6$	$1.7 = \frac{17}{10}$
③	$\frac{1}{5} = 1 \div 5 = 0.2$	$0.9 = \frac{9}{10}$	$\frac{6}{5} = 6 \div 5 = 1.2$	$2.3 = \frac{23}{10}$
④	$\frac{2}{5} = 2 \div 5 = 0.4$	$0.08 = \frac{8}{100}$	$\frac{9}{10} = 9 \div 10 = 0.9$	$7.5 = \frac{75}{10}$
⑤	$\frac{1}{10} = 1 \div 10 = 0.1$	$0.09 = \frac{9}{100}$	$\frac{7}{10} = 7 \div 10 = 0.7$	$1.36 = \frac{136}{100}$
⑥	$\frac{3}{10} = 3 \div 10 = 0.3$	$0.23 = \frac{23}{100}$	$\frac{1}{4} = 1 \div 4 = 0.25$	$2.03 = \frac{203}{100}$
⑦	$\frac{7}{100} = 7 \div 100 = 0.07$	$0.67 = \frac{67}{100}$	$\frac{18}{100} = 18 \div 100 = 0.18$	$0.001 = \frac{1}{1000}$
⑧	$\frac{29}{100} = 29 \div 100 = 0.29$	$0.99 = \frac{99}{100}$	$\frac{50}{100} = 50 \div 100 = 0.5$	$0.107 = \frac{107}{1000}$

26 平均とその利用

平均を求める式を言いましょう。答えは計算しなくてもいいです。

	○　□を言いましょう	●　平均を求める式を言いましょう
①	$(5+4+3)\div\square$	7, 4, 8, 6
②	$(6+7+10+11)\div\square$	5, 0, 3, 9, 10
③	$(32+45+36+40+37)\div\square$	11, 10, 6, 9, 8, 7
④	$(120+100)\div\square$	16, 16, 16, 16
⑤	$(320+300+310)\div\square$	150, 170, 155, 160, 165
⑥	$(5+8+0+9+4)\div\square$	0, 1, 2, 3, 4, 5, 6

26 平均とその利用

年　組　番　名前

5年　パワーアップ読み上げ計算

■記録表

月／日	何個	月／日	何個	月／日	何個	月／日	何個
／		／		／		／	
／		／		／		／	
／		／		／		／	
／		／		／		／	
／		／		／		／	
／		／		／		／	

できた数を記録しましょう。

■答え

	○ □を言いましょう	● 平均を求める式を言いましょう
①	$(5+4+3)\div\square$　3	$(7+4+8+6)\div 4$
②	$(6+7+10+11)\div\square$　4	$(5+0+3+9+10)\div 5$
③	$(32+45+36+40+37)\div\square$　5	$(11+10+6+9+8+7)\div 6$
④	$(120+100)\div\square$　2	$(16+16+16+16)\div 4$
⑤	$(320+300+310)\div\square$　3	$(150+170+155+160+165)\div 5$
⑥	$(5+8+0+9+4)\div\square$　5	$(0+1+2+3+4+5+6)\div 7$

5年 パワーアップ読み上げ計算　　　年　組　番　名前

27　×100　÷100　整数×小数，整数÷小数

	○	●	◎	✾
①	0.45×100	12÷100	4×0.2	6÷0.3
②	0.3×100	46÷100	50×0.3	9÷0.3
③	0.18×100	60÷100	600×0.4	12÷0.2
④	0.4×100	80÷100	300×0.7	150÷0.3
⑤	0.95×100	85÷100	60×0.9	27÷0.9
⑥	1.2×100	95÷100	70×0.9	3÷0.1
⑦	1.08×100	126÷100	800×0.9	80÷0.2
⑧	2.3×100	107÷100	300×0.9	25÷0.5
⑨	0.68×100	175÷100	60×0.2	400÷0.2
⑩	0.15×100	36÷100	400×0.2	120÷0.6

※１分間にどこまで言えるかな？　目標は１分で30問

27 ×100 ÷100 整数×小数, 整数÷小数

年　組　番　名前

5年 パワーアップ読み上げ計算

■記録表

月/日	何個	月/日	何個	月/日	何個	月/日	何個
/		/		/		/	
/		/		/		/	
/		/		/		/	
/		/		/		/	
/		/		/		/	
/		/		/		/	

できた数を記録しましょう。

■答え

	○	●	◎	✿
①	0.45×100 45	12÷100 0.12	4×0.2 0.8	6÷0.3 20
②	0.3×100 30	46÷100 0.46	50×0.3 15	9÷0.3 30
③	0.18×100 18	60÷100 0.6	600×0.4 240	12÷0.2 60
④	0.4×100 40	80÷100 0.8	300×0.7 210	150÷0.3 500
⑤	0.95×100 95	85÷100 0.85	60×0.9 54	27÷0.9 30
⑥	1.2×100 120	95÷100 0.95	70×0.9 63	3÷0.1 30
⑦	1.08×100 108	126÷100 1.26	800×0.9 720	80÷0.2 400
⑧	2.3×100 230	107÷100 1.07	300×0.9 270	25÷0.5 50
⑨	0.68×100 68	175÷100 1.75	60×0.2 12	400÷0.2 2000
⑩	0.15×100 15	36÷100 0.36	400×0.2 80	120÷0.6 200

28 割合 関係図の□を求める式

式や関係図を見て，□を求める式と，答えを単位をつけて言いましょう。

	○	◎
①	もとにする量 300円 の 0.8倍 は □円	□m の 2倍 は 8m
②	もとにする量 20m² の 0.5倍 は □m²	□人 の 0.4倍 は 40人
③	40人 の 1.2倍 は □人	□m の 0.2倍 は 8m
④	50円 の □倍 は 30円	60人 の □倍 は 54人
⑤	80人 の □倍 は 60人	70人 の 0.4倍 は □人
⑥	40km の □倍 は 20km	□まい の 0.9倍 は 18まい
⑦	20km の 1.5倍 は □km	90m の □倍 は 27m

28 割合 関係図の□を求める式

年　組　番　名前

■記録表

月/日	何個	月/日	何個	月/日	何個	月/日	何個
/		/		/		/	
/		/		/		/	
/		/		/		/	
/		/		/		/	
/		/		/		/	
/		/		/		/	

できた数を記録しましょう。

5年 パワーアップ読み上げ計算

■答え

	○	◎
①	300円 →0.8倍→ □円　300×0.8=240　240円	□m →2倍→ 8m　8÷2=4　4m
②	20m² →0.5倍→ □m²　20×0.5=10　10m²	□人 →0.4倍→ 40人　40÷0.4=100　100人
③	40人 →1.2倍→ □人　40×1.2=48　48人	□m →0.2倍→ 8m　8÷0.2=40　40m
④	50円 →□倍→ 30円　30÷50=0.6　0.6倍	60人 →□倍→ 54人　54÷60=0.9　0.9倍
⑤	80人 →□倍→ 60人　60÷80=0.75　0.75倍	70人 →0.4倍→ □人　70×0.4=28　28人
⑥	40km →□倍→ 20km　20÷40=0.5　0.5倍	□まい →0.9倍→ 18まい　18÷0.9=20　20まい
⑦	20km →1.5倍→ □km　20×1.5=30　30km	90m →□倍→ 27m　27÷90=0.3　0.3倍

5年 パワーアップ読み上げ計算

29 割合 百分率 歩合

年　組　番　名前

	○		●		◎	
①	0.9倍は	％	50％は	倍	0.11倍は	％
②	0.48倍は	％	90％は	倍	0.2倍は	％
③	0.34倍は	％	18％は	倍	0.66倍は	％
④	0.79倍は	％	1％は	倍	0.541倍は	％
⑤	0.99倍は	％	7％は	倍	1.24倍は	％
⑥	0.01倍は	％	99％は	倍	0.805倍は	％
⑦	0.06倍は	％	120％は	倍	1.05倍は	％
⑧	1.4倍は	％	105％は	倍	0.962倍は	％

※1分間にどこまで言えるかな？　目標は1分で24問

年　組　番　名前

29 割合 百分率 歩合

■答え

	○	●	◎
①	0.9倍は　90%	50%は　0.5倍	0.11倍は　11%
②	0.48倍は　48%	90%は　0.9倍	0.2倍は　20%
③	0.34倍は　34%	18%は　0.18倍	0.66倍は　66%
④	0.79倍は　79%	1%は　0.01倍	0.541倍は　54.1%
⑤	0.99倍は　99%	7%は　0.07倍	1.24倍は　124%
⑥	0.01倍は　1%	99%は　0.99倍	0.805倍は　80.5%
⑦	0.06倍は　6%	120%は　1.2倍	1.05倍は　105%
⑧	1.4倍は　140%	105%は　1.05倍	0.962倍は　96.2%

■記録表

月／日	何個	月／日	何個
／		／	
／		／	
／		／	
／		／	
／		／	
／		／	
／		／	
／		／	
／		／	
／		／	

できた数を記録しましょう。

5年 パワーアップ読み上げ計算

30 百分率 ←→ 小数 & 割合問題の立式

	○	● 式を言う	◎ □を求める式を言う
①	50%を小数倍に直すと	60円の50%は	□円の90%は45円
②	30%を小数倍に直すと	650円の80%は	□円の60%は54円
③	45%を小数倍に直すと	80円の75%は	□円の5%は15円
④	6%を小数倍に直すと	200円の10%は	□人の120%は36人
⑤	0.5%を小数倍に直すと	500円の9%は	□人の1.2倍は60人
⑥	0.1倍を百分率に直すと	40円の75%は	2mは8mの□倍
⑦	0.6倍を百分率に直すと	300円の5%は	24mは30mの□倍
⑧	0.99倍を百分率に直すと	1000人の120%は	80人は200人の□%
⑨	0.52倍を百分率に直すと	600mの0.5%は	180人は200人の□%
⑩	0.08倍を百分率に直すと	200人の110%は	4mは8mの□%

※1分間にどこまで言えるかな？　目標は1分で30問

30 百分率↔小数＆割合問題の立式

年　組　番　名前

5年 パワーアップ読み上げ計算

■記録表

月／日	何個	月／日	何個	月／日	何個	月／日	何個
／		／		／		／	
／		／		／		／	
／		／		／		／	
／		／		／		／	
／		／		／		／	
／		／		／		／	

できた数を記録しましょう。

■答え

	○	●	◎
①	50％を小数倍に直すと　0.5	60円の50％は　60×0.5	□円の90％は45円　45÷0.9
②	30％を小数倍に直すと　0.3	650円の80％は　650×0.8	□円の60％は54円　54÷0.6
③	45％を小数倍に直すと　0.45	80円の75％は　80×0.75	□円の5％は15円　15÷0.05
④	6％を小数倍に直すと　0.06	200円の10％は　200×0.1	□人の120％は36人　36÷1.2
⑤	0.5％を小数倍に直すと　0.005	500円の9％は　500×0.09	□人の1.2倍は60人　60÷1.2
⑥	0.1倍を百分率に直すと　10％	40円の75％は　40×0.75	2mは8mの□倍　2÷8
⑦	0.6倍を百分率に直すと　60％	300円の5％は　300×0.05	24mは30mの□倍　24÷30
⑧	0.99倍を百分率に直すと　99％	1000人の120％は　1000×1.2	80人は200人の□％　80÷200×100
⑨	0.52倍を百分率に直すと　52％	600mの0.5％は　600×0.005	180人は200人の□％　180÷200×100
⑩	0.08倍を百分率に直すと　8％	200人の110％は　200×1.1	4mは8mの□％　4÷8×100

67

5年 パワーアップ読み上げ計算

31 円周率　円周を求める　正多角形

辺の長さは等しく、すべての角の大きさは等しい図形です。↓

	○	●	◎
①	円周率＝円周÷□で　ふつう□を使います	円周　式　（半径15cm）	図形の名前は（正五角形）
②	円周＝□×3.14	直径を求める式　円周は12.56cm	図形の名前は（正六角形）
③	この円の周りの長さ　式（直径12cm）	直径を求める式　円周は62.8cm	角□°を求める式と答え　図形の名前
④	円周　式（半径10cm）	直径を求める式　円周は300cm	図形の名前　□°
⑤	円周　式（直径16cm）	周りの長さを求める式（半円 直径30cm）	□°
⑥	円周　式（半径8cm）	周りの長さを求める式（四分円 半径10cm）	□°

31 円周率 円周を求める 正多角形

年　組　番　名前

5年 パワーアップ読み上げ計算

■記録表

月／日	何個	月／日	何個	月／日	何個	月／日	何個
/		/		/		/	
/		/		/		/	
/		/		/		/	
/		/		/		/	
/		/		/		/	
/		/		/		/	

できた数を記録しましょう。

■答え

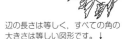
辺の長さは等しく、すべての角の大きさは等しい図形です。↓

	○	●	◎
①	円周率＝円周÷直径で　ふつう 3.14 を使います。	円周　式　(15×2)×3.14	図形の名前は　正五角形
②	円周＝直径×3.14　3つ分とちょっと	直径を求める式　円周は12.56cm　12.56÷3.14	図形の名前は　正六角形
③	この円の周りの長さ　式　12×3.14	直径を求める式　円周は62.8cm　62.8÷3.14	中心角を求める式と答え　図形の名前　二等辺三角形　360÷5＝72　72°
④	円周　式　(10×2)×3.14	直径を求める式　円周は300cm　300÷3.14	図形の名前　正三角形　360÷6＝60　60°
⑤	円周　式　16×3.14	周りの長さを求める式　30×3.14÷2＋30	360÷4＝90　90°
⑥	円周　式　(8×2)×3.14	周りの長さを求める式　(10×2)×3.14÷4＋10×2	360÷8＝45　45°

※円周，直径，周りについては式だけでよいです。

32 立体の名前，部分の名前

立体の名前や（　）に当てはまる言葉や数を言いましょう。

○	●	◎	✿
①	⑦ えんぴつ	⑬ 角柱の2つの底面は同じ（　），同じ（　）で，たがいに（　）になっています。	⑯ 五角柱の 側面（の形）は（　） 底面（の形）は（　） 側面の数は（　）
② かんづめ	⑧	⑭ 角柱の底面と側面は（　）な関係です。角柱の側面の形は（　）か（　）	⑰ 円柱の 側面（の形）は（　） 底面（の形）は（　） 底面（の数）は（　）
③	⑨ 何と言いますか。 ①②③	⑮ 三角柱の 頂点の数は（　） 辺の数は（　）本 底面の数は（　）	⑱ 五角柱の 頂点の数は（　） 辺の数は（　）本 底面に垂直な面の数は（　）
④ ひしもち	⑩ 何と言いますか。 ①②③④	⑬に進む	⑲ 右の展開図はどんな立体になりますか。
⑤ ビニールハウス	⑪ 何と言いますか。 ①②③④		⑳
⑥ テント	⑫ 次の展開図はどんな立体になりますか。		㉑

○から2回やったら3回目は◎からやりましょう。

32 立体の名前，部分の名前

年　組　番　名前

■記録表

月/日	何個	月/日	何個	月/日	何個	月/日	何個
/		/		/		/	
/		/		/		/	
/		/		/		/	
/		/		/		/	
/		/		/		/	
/		/		/		/	

できた数を記録しましょう。

■答え

5年 パワーアップ読み上げ計算

33 5年の公式の復習

年　組　番　名前

文をきちんと読んで式を言いましょう。学習していない番号はとばして練習しましょう。

○
① 正方形の面積＝
② 長方形の面積＝
③ 三角形の面積＝
④ 平行四辺形の面積＝
⑤ 台形の面積＝
⑥ ひし形の面積＝
⑦ 分数と小数の大きさを比べるとき、分数を小数になおす方法　$\dfrac{B}{A} = \Box \div \Box$
⑧ 立方体の体積＝

◎
⑨ 直方体の体積＝
⑩ 三角形の3つの角の和（　　）°
⑪ 四角形の4つの角の和（　　）°
⑫ 五角形の5つの角の和（　　）°×―――
⑬ 平均＝
⑭ 人口密度＝　　÷
⑮ 割合（％）＝
⑯ 円周の長さ＝

33 5年の公式の復習

■答え

	○		◎
①	正方形の面積 ＝ 1辺×1辺	⑨	直方体の体積 ＝ たて×横×高さ
②	長方形の面積 ＝ たて×横	⑩	三角形の3つの角の和 （ 180 ）°
③	三角形の面積 ＝ 底辺×高さ÷2	⑪	四角形の4つの角の和 （ 360 ）°
④	平行四辺形の面積 ＝ 底辺×高さ	⑫	五角形の5つの角の和 （ 180 ）°×3
⑤	台形の面積 ＝ (上底＋下底)×高さ÷2	⑬	平均 ＝ 合計÷個数
⑥	ひし形の面積 ＝ 対角線×対角線÷2	⑭	人口密度 ＝ 人口÷km²（面積）
⑦	分数と小数の大きさを比べるとき $\frac{B}{A}$ ＝ B÷A 分数を小数になおす方法	⑮	割合(％) ＝ 比べる量÷もとにする量×100（全体）
⑧	立方体の体積 ＝ 1辺×1辺×1辺	⑯	円周の長さ ＝ 直径×円周率 (3.14)

■記録表

月／日	何個
／	
／	
／	
／	
／	
／	
／	
／	
／	
／	

できた数を記録しましょう。

5年 パワーアップ読み上げ計算

年　組　番　名前

6年 パワーアップ読み上げ計算

年　　組　　番　名前

1 線対称・点対称

図形の名前と，線対称か点対称か，どちらでもないか，また，対称の軸の本数を言いましょう。

	○	●	◎
①	平行四辺形は 線対称　点対称　対称の軸○本	正五角形は 線対称　点対称　対称の軸○本	Tは 線対称　点対称　対称の軸○本
②	長方形は 線対称　点対称　対称の軸○本	正方形は 線対称　点対称　対称の軸○本	これは 線対称　点対称　対称の軸○本
③	Nは 線対称　点対称　対称の軸○本	かぎ型は 線対称　点対称　対称の軸○本	ひし形は 線対称　点対称　対称の軸○本
④	正六角形は 線対称　点対称　対称の軸○本	星形は 線対称　点対称　対称の軸○本	正三角形は 線対称　点対称　対称の軸○本
⑤	矢印は 線対称　点対称　対称の軸○本	これは 線対称　点対称　対称の軸○本	この台形は 線対称　点対称　対称の軸○本
⑥	Hは 線対称　点対称　対称の軸○本	風車は 線対称　点対称　対称の軸○本	二等辺三角形は 線対称　点対称　対称の軸○本

1 線対称・点対称

年　組　番　名前

■記録表

月/日	何個	月/日	何個	月/日	何個	月/日	何個
/		/		/		/	
/		/		/		/	
/		/		/		/	
/		/		/		/	
/		/		/		/	
/		/		/		/	

できた数を記録しましょう。

6年 パワーアップ読み上げ計算

■答え

	○	●	◎
①	平行四辺形は 点対称　対称の軸0本(なし)	正五角形は 線対称　対称の軸5本	Tは 線対称　対称の軸1本
②	長方形は 線対称　点対称 対称の軸2本	正方形は 線対称　点対称 対称の軸4本	これは 線対称　点対称 対称の軸2本
③	Nは 点対称　対称の軸0本(なし)	かぎ型は 線対称　対称の軸1本	ひし形は 線対称　点対称 対称の軸2本
④	正六角形は 線対称　点対称 対称の軸6本	星形は 線対称　対称の軸5本	正三角形は 線対称　対称の軸3本
⑤	矢印は 線対称　対称の軸1本	これは 点対称　対称の軸0本(なし)	この台形は どちらでもない
⑥	Hは 線対称　点対称 対称の軸2本	風車は 点対称　対称の軸0本(なし)	二等辺三角形は 線対称　対称の軸1本

75

2 拡大と縮小

三角形ＡＤＥは，三角形ＡＢＣを拡大したものです。
□にあてはまる辺の長さ，または，△にあてはまる角の大きさを言いましょう。

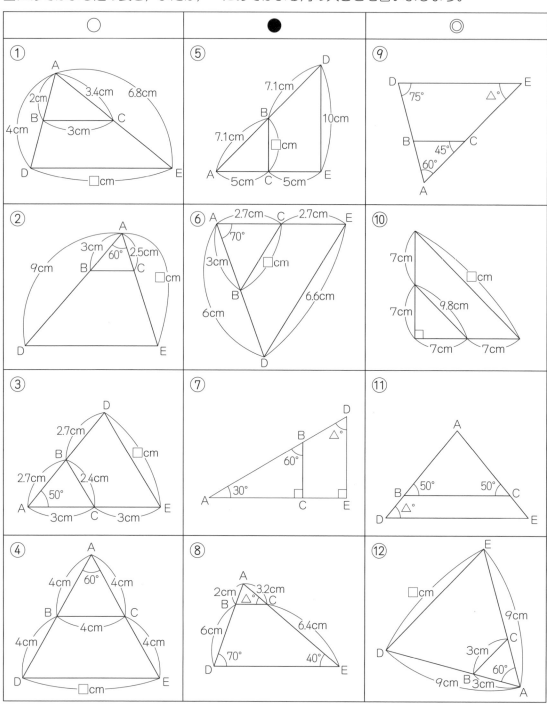

2 拡大と縮小

年　組　番　名前

■記録表

月/日	何個	月/日	何個	月/日	何個	月/日	何個
/		/		/		/	
/		/		/		/	
/		/		/		/	
/		/		/		/	
/		/		/		/	
/		/		/		/	

できた数を記録しましょう。

■答え

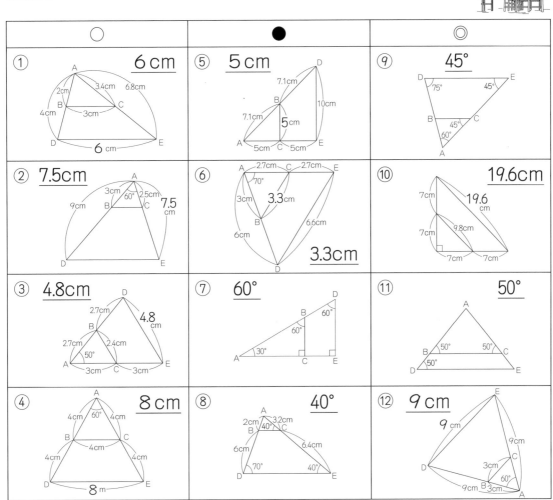

6年 パワーアップ読み上げ計算　　　年　組　番　名前

3 縮尺の計算

1000分の1の地図上の長さから，実際のきょりを求める。

① 7cm ×1000 = ☐ cm = ☐ m

② 12cm ×1000 = ☐ cm = ☐ m

10000分の1の地図上の長さから，実際のきょりを求める。

③ 5cm ×10000 = ☐ cm = ☐ m

④ 8cm ×10000 = ☐ cm = ☐ m

実際のきょりから，10万分の1の地図上の長さを求める。

① 4km ÷100000 = ☐ m ÷100000 = ☐ m = ☐ cm

② 3km ÷100000 = ☐ m ÷100000 = ☐ m = ☐ cm

実際のきょりから，10000分の1の地図上の長さを求める。

③ 500m ÷10000 = ☐ cm ÷10000 = ☐ cm

④ 9km ÷10000 = ☐ m ÷10000 = ☐ m = ☐ cm

78

3 縮尺の計算

年　組　番　名前

■記録表

月/日	何個	月/日	何個	月/日	何個	月/日	何個
/		/		/		/	
/		/		/		/	
/		/		/		/	
/		/		/		/	
/		/		/		/	
/		/		/		/	

できた数を記録しましょう。

■答え

1000分の1の地図上の長さから，実際のきょりを求める。

① 7cm ×1000= 7000 cm = 70 m
② 12cm ×1000= 12000 cm = 120 m

10000分の1の地図上の長さから，実際のきょりを求める。

③ 5cm ×10000= 50000 cm = 500 m
④ 8cm ×10000= 80000 cm = 800 m

実際のきょりから，10万分の1の地図上の長さを求める。

① 4km ÷100000= 4000 m ÷100000= 0.04 m = 4 cm
② 3km ÷100000= 3000 m ÷100000= 0.03 m = 3 cm

実際のきょりから，10000分の1の地図上の長さを求める。

③ 500m ÷10000= 50000 cm ÷10000= 5 cm
④ 9km ÷10000= 9000 m ÷10000= 0.9 m = 90 cm

6年 パワーアップ読み上げ計算　　年　組　番　名前

④ 分数×分数　整数×分数

約分できるものは約分しましょう。

	○	●	◎	✿
①	$\frac{3}{4} \times \frac{1}{2}$	$\frac{3}{4} \times \frac{5}{3}$	$\frac{5}{6} \times \frac{6}{5}$	$20 \times \frac{1}{5}$
②	$\frac{1}{2} \times \frac{1}{2}$	$\frac{4}{7} \times \frac{3}{4}$	$\frac{8}{3} \times \frac{3}{8}$	$30 \times \frac{1}{5}$
③	$\frac{2}{5} \times \frac{1}{3}$	$\frac{5}{6} \times \frac{1}{5}$	$\frac{3}{4} \times \frac{8}{9}$	$99 \times \frac{1}{3}$
④	$\frac{1}{4} \times \frac{1}{2}$	$\frac{5}{3} \times \frac{3}{7}$	$\frac{9}{2} \times \frac{6}{9}$	$60 \times \frac{1}{3}$
⑤	$\frac{5}{6} \times \frac{1}{3}$	$\frac{9}{4} \times \frac{4}{5}$	$\frac{5}{7} \times \frac{14}{15}$	$20 \times \frac{1}{3}$
⑥	$\frac{2}{5} \times \frac{1}{7}$	$\frac{3}{8} \times \frac{4}{9}$	$\frac{1}{6} \times \frac{5}{8}$	$50 \times \frac{1}{2}$
⑦	$\frac{3}{7} \times \frac{5}{2}$	$\frac{5}{6} \times \frac{12}{13}$	$\frac{13}{9} \times \frac{3}{13}$	$80 \times \frac{1}{4}$
⑧	$\frac{3}{4} \times \frac{3}{4}$	$\frac{10}{9} \times \frac{3}{10}$	$\frac{5}{6} \times \frac{8}{15}$	$70 \times \frac{1}{10}$

※目標は1分で32問

④ 分数×分数　整数×分数

年　組　番　名前

■記録表

月/日	何個	月/日	何個	月/日	何個	月/日	何個
/		/		/		/	
/		/		/		/	
/		/		/		/	
/		/		/		/	
/		/		/		/	
/		/		/		/	

できた数を記録しましょう。

■答え

	○	●	◎	❀
①	$\frac{3}{4} \times \frac{1}{2} = \frac{3}{8}$	$\frac{3}{4} \times \frac{5}{3} = \frac{5}{4}$	$\frac{5}{6} \times \frac{6}{5} = 1$	$20 \times \frac{1}{5} = 4$
②	$\frac{1}{2} \times \frac{1}{2} = \frac{1}{4}$	$\frac{4}{7} \times \frac{3}{4} = \frac{3}{7}$	$\frac{8}{3} \times \frac{3}{8} = 1$	$30 \times \frac{1}{5} = 6$
③	$\frac{2}{5} \times \frac{1}{3} = \frac{2}{15}$	$\frac{5}{6} \times \frac{1}{5} = \frac{1}{6}$	$\frac{3}{4} \times \frac{8}{9} = \frac{2}{3}$	$99 \times \frac{1}{3} = 33$
④	$\frac{1}{4} \times \frac{1}{2} = \frac{1}{8}$	$\frac{5}{3} \times \frac{3}{7} = \frac{5}{7}$	$\frac{9}{2} \times \frac{2}{3} = 3$	$60 \times \frac{1}{3} = 20$
⑤	$\frac{5}{6} \times \frac{1}{3} = \frac{5}{18}$	$\frac{9}{4} \times \frac{4}{5} = \frac{9}{5}$	$\frac{5}{7} \times \frac{14}{15} = \frac{2}{3}$	$20 \times \frac{1}{3} = \frac{20}{3}$
⑥	$\frac{2}{5} \times \frac{1}{7} = \frac{2}{35}$	$\frac{3}{8} \times \frac{4}{9} = \frac{1}{6}$	$\frac{1}{6} \times \frac{5}{8} = \frac{5}{48}$	$50 \times \frac{1}{2} = 25$
⑦	$\frac{3}{7} \times \frac{5}{2} = \frac{15}{14}$	$\frac{5}{6} \times \frac{12}{13} = \frac{10}{13}$	$\frac{13}{9} \times \frac{3}{13} = \frac{1}{3}$	$80 \times \frac{1}{4} = 20$
⑧	$\frac{3}{4} \times \frac{3}{4} = \frac{9}{16}$	$\frac{10}{9} \times \frac{3}{10} = \frac{1}{3}$	$\frac{5}{6} \times \frac{8}{15} = \frac{4}{9}$	$70 \times \frac{1}{10} = 7$

6年　パワーアップ読み上げ計算

年　　組　　番　　名前

5 逆数

2つの数の積が1になるとき，一方の数を他方の数の逆数と言います。
次の数の逆数を言いましょう。

	○	●	◎	花
①	$\frac{3}{5}$	8	$1\frac{2}{3}$	$\frac{6}{5}$
②	$\frac{2}{3}$	0.7	$2\frac{2}{5}$	$1\frac{9}{10}$
③	$\frac{5}{8}$	0.1	3	4
④	$\frac{6}{5}$	0.01	$\frac{3}{10}$	$1\frac{1}{10}$
⑤	$\frac{3}{10}$	1.3	3.9	5
⑥	$\frac{1}{3}$	10	11	0.01
⑦	$\frac{1}{6}$	100	$1\frac{1}{4}$	1
⑧	$\frac{1}{100}$	1.1	$\frac{7}{8}$	$\frac{1}{9}$

※ヒント　小数は分数にして考えよう。帯分数は仮分数に直して考えよう。

5 逆数

年　組　番　名前

■記録表

月／日	何個	月／日	何個	月／日	何個	月／日	何個
/		/		/		/	
/		/		/		/	
/		/		/		/	
/		/		/		/	
/		/		/		/	
/		/		/		/	

できた数を記録しましょう。

■答え

	○	●	◎	❁
①	$\frac{3}{5} \to \frac{5}{3}$	$8 \to \frac{1}{8}$	$1\frac{2}{3} \to \frac{3}{5}$	$\frac{6}{5} \to \frac{5}{6}$
②	$\frac{2}{3} \to \frac{3}{2}$	$0.7 \to \frac{10}{7}$	$2\frac{2}{5} \to \frac{5}{12}$	$1\frac{9}{10} \to \frac{10}{19}$
③	$\frac{5}{8} \to \frac{8}{5}$	$0.1 \to 10$	$3 \to \frac{1}{3}$	$4 \to \frac{1}{4}$
④	$\frac{6}{5} \to \frac{5}{6}$	$0.01 \to 100$	$\frac{3}{10} \to \frac{10}{3}$	$1\frac{1}{10} \to \frac{10}{11}$
⑤	$\frac{3}{10} \to \frac{10}{3}$	$1.3 \to \frac{10}{13}$	$3.9 \to \frac{10}{39}$	$5 \to \frac{1}{5}$
⑥	$\frac{1}{3} \to 3$	$10 \to \frac{1}{10}$	$11 \to \frac{1}{11}$	$0.01 \to 100$
⑦	$\frac{1}{6} \to 6$	$100 \to \frac{1}{100}$	$1\frac{1}{4} \to \frac{4}{5}$	$1 \to 1$
⑧	$\frac{1}{100} \to 100$	$1.1 \to \frac{10}{11}$	$\frac{7}{8} \to \frac{8}{7}$	$\frac{1}{9} \to 9$

6 積や商が，もとの数より大きくなるか小さくなるか

「□が……だから積（商）は□より大きくなる」のように文で答えましょう。

	○	●	◎
①	$\frac{2}{5} \times 1\frac{2}{3}$	$2\frac{4}{5} \div \frac{3}{5}$	$\frac{5}{4} \div \frac{4}{5}$
②	$1\frac{2}{3} \times \frac{3}{4}$	$\frac{3}{4} \div \frac{1}{2}$	$\frac{3}{7} \div 1\frac{2}{7}$
③	$\frac{4}{5} \times \frac{9}{7}$	$\frac{8}{7} \div \frac{4}{5}$	$1\frac{2}{3} \div \frac{1}{2}$
④	$\frac{7}{3} \times \frac{5}{8}$	$\frac{1}{8} \times \frac{4}{3}$	$2\frac{1}{7} \times \frac{9}{8}$
⑤	$2\frac{2}{3} \times \frac{5}{6}$	$\frac{5}{8} \div \frac{7}{4}$	$3\frac{2}{3} \div \frac{7}{5}$
⑥	$\frac{1}{4} \times 1\frac{7}{8}$	$2\frac{1}{3} \div \frac{3}{8}$	$\frac{1}{5} \div \frac{1}{6}$

6 積や商が、もとの数より大きくなるか小さくなるか

年　組　番　名前

■記録表

月／日	何個	月／日	何個	月／日	何個	月／日	何個
/		/		/		/	
/		/		/		/	
/		/		/		/	
/		/		/		/	
/		/		/		/	
/		/		/		/	

できた数を記録しましょう。

■答え

	○	●	◎
①	$\frac{2}{5} \times 1\frac{2}{3}$ $1\frac{2}{3}$ が1より大きいので積は $\frac{2}{5}$ より大きくなる	$2\frac{4}{5} \div \frac{3}{5}$ $\frac{3}{5}$ が1より小さいので商は $2\frac{4}{5}$ より大きくなる	$\frac{5}{4} \div \frac{4}{5}$ $\frac{4}{5}$ が1より小さいので商は $\frac{5}{4}$ より大きくなる
②	$1\frac{2}{3} \times \frac{3}{4}$ $\frac{3}{4}$ が1より小さいので積は $1\frac{2}{3}$ より小さくなる	$\frac{3}{4} \div \frac{1}{2}$ $\frac{1}{2}$ が1より小さいので商は $\frac{3}{4}$ より大きくなる	$\frac{3}{7} \div 1\frac{2}{7}$ $1\frac{2}{7}$ が1より大きいので商は $\frac{3}{7}$ より小さくなる
③	$\frac{4}{5} \times \frac{9}{7}$ $\frac{9}{7}$ が1より大きいので積は $\frac{4}{5}$ より大きくなる	$\frac{8}{7} \div \frac{4}{5}$ $\frac{4}{5}$ が1より小さいので商は $\frac{8}{7}$ より大きくなる	$1\frac{2}{3} \div \frac{1}{2}$ $\frac{1}{2}$ が1より小さいので商は $1\frac{2}{3}$ より大きくなる
④	$\frac{7}{3} \times \frac{5}{8}$ $\frac{5}{8}$ が1より小さいので積は $\frac{7}{3}$ より小さくなる	$\frac{1}{8} \times \frac{4}{3}$ $\frac{4}{3}$ が1より大きいので積は $\frac{1}{8}$ より大きくなる	$2\frac{1}{7} \times \frac{9}{8}$ $\frac{9}{8}$ が1より大きいので積は $2\frac{1}{7}$ より大きくなる
⑤	$2\frac{2}{3} \times \frac{5}{6}$ $\frac{5}{6}$ が1より小さいので積は $2\frac{2}{3}$ より小さくなる	$\frac{5}{8} \div \frac{7}{4}$ $\frac{7}{4}$ が1より大きいので商は $\frac{5}{8}$ より小さくなる	$3\frac{2}{3} \div \frac{7}{5}$ $\frac{7}{5}$ が1より大きいので商は $3\frac{2}{3}$ より小さくなる
⑥	$\frac{1}{4} \times 1\frac{7}{8}$ $1\frac{7}{8}$ が1より大きいので積は $\frac{1}{4}$ より大きくなる	$2\frac{1}{3} \div \frac{3}{8}$ $\frac{3}{8}$ が1より小さいので商は $2\frac{1}{3}$ より大きくなる	$\frac{1}{5} \div \frac{1}{6}$ $\frac{1}{6}$ が1より小さいので商は $\frac{1}{5}$ より大きくなる

6年 パワーアップ読み上げ計算

6年 パワーアップ読み上げ計算

7 分数倍

次の例のように，分数倍を使って□を求める式と答えを言いましょう。

	○	◎
例	□人 / 60人 $60 \times \dfrac{2}{3} = 40$　40人	700円 の $\dfrac{1}{2}$倍 は □円 $700 \times \dfrac{1}{2} = 350$　350円
①	□円 / 50円	600m² の $\dfrac{2}{3}$倍 は □m²
②	□m / 10m	300m の $\dfrac{1}{5}$ は □m
③	□m / 12m	1000人 の $\dfrac{4}{5}$ は □人
④	□人 / 20人	1200円 の $\dfrac{5}{6}$ は □円
⑤	□kg / 80kg	600m の $\dfrac{3}{4}$ は □m

7 分数倍

年　組　番　名前

■記録表

月／日	何個	月／日	何個	月／日	何個	月／日	何個
/		/		/		/	
/		/		/		/	
/		/		/		/	
/		/		/		/	
/		/		/		/	
/		/		/		/	

できた数を記録しましょう。

■答え

	○	◎
例	□人／60人　$60 \times \dfrac{2}{3} = 40$　40人	700円 の$\dfrac{1}{2}$倍 は □円　$700 \times \dfrac{1}{2} = 350$　350円
①	□円／50円　$50 \times \dfrac{1}{2} = 25$　25円	600m² の$\dfrac{2}{3}$倍 は □m²　$600 \times \dfrac{2}{3} = 400$　400m²
②	□m／10m　$10 \times \dfrac{3}{5} = 6$　6m	300m の$\dfrac{1}{5}$ は □m　$300 \times \dfrac{1}{5} = 60$　60m
③	□m／12m　$12 \times \dfrac{1}{4} = 3$　3m	1000人 の$\dfrac{4}{5}$ は □人　$1000 \times \dfrac{4}{5} = 800$　800人
④	□人／20人　$20 \times \dfrac{4}{5} = 16$　16人	1200円 の$\dfrac{5}{6}$ は □円　$1200 \times \dfrac{5}{6} = 1000$　1000円
⑤	□kg／80kg　$80 \times \dfrac{3}{4} = 60$　60kg	600m の$\dfrac{3}{4}$ は □m　$600 \times \dfrac{3}{4} = 450$　450m

6年 パワーアップ読み上げ計算

年　組　番　名前

8 分数　分を時間に

	○	●	◎
①	20分 = □/□ 時間	45分 = □/□ 時間	35分 = □/□ 時間
②	15分 = □/□ 時間	5分 = □/□ 時間	55分 = □/□ 時間
③	30分 = □/□ 時間	25分 = □/□ 時間	7分 = □/□ 時間
④	10分 = □/□ 時間	50分 = □/□ 時間	12分 = □/□ 時間
⑤	40分 = □/□ 時間	1分 = □/□ 時間	6分 = □/□ 時間

※「○分は何分の何時間」まで言うこと。目標は1分で15問

8 分数 分を時間に

年　組　番　名前

■記録表

月／日	何個	月／日	何個	月／日	何個	月／日	何個
／		／		／		／	
／		／		／		／	
／		／		／		／	
／		／		／		／	
／		／		／		／	
／		／		／		／	

できた数を記録しましょう。

■答え

	○	●	◎
①	20分＝ $\frac{1}{3}$ 時間	45分＝ $\frac{3}{4}$ 時間	35分＝ $\frac{7}{12}$ 時間
②	15分＝ $\frac{1}{4}$ 時間	5分＝ $\frac{1}{12}$ 時間	55分＝ $\frac{11}{12}$ 時間
③	30分＝ $\frac{1}{2}$ 時間	25分＝ $\frac{5}{12}$ 時間	7分＝ $\frac{7}{60}$ 時間
④	10分＝ $\frac{1}{6}$ 時間	50分＝ $\frac{5}{6}$ 時間	12分＝ $\frac{1}{5}$ 時間
⑤	40分＝ $\frac{2}{3}$ 時間	1分＝ $\frac{1}{60}$ 時間	6分＝ $\frac{1}{10}$ 時間

6年 パワーアップ読み上げ計算　　　年　組　番　名前

9 分数÷分数　整数÷分数

約分できるものは約分しましょう。

	○	●	◎	✿
①	$\dfrac{3}{5} \div \dfrac{1}{2}$	$\dfrac{1}{4} \div \dfrac{5}{4}$	$\dfrac{3}{4} \div \dfrac{9}{8}$	$50 \div \dfrac{1}{3}$
②	$\dfrac{1}{5} \div \dfrac{1}{4}$	$\dfrac{8}{3} \div \dfrac{8}{5}$	$\dfrac{3}{7} \div \dfrac{5}{14}$	$60 \div \dfrac{1}{4}$
③	$\dfrac{2}{5} \div \dfrac{1}{3}$	$\dfrac{4}{7} \div \dfrac{4}{3}$	$\dfrac{12}{5} \div \dfrac{6}{7}$	$60 \div \dfrac{2}{3}$
④	$\dfrac{5}{6} \div \dfrac{1}{5}$	$\dfrac{5}{3} \div \dfrac{7}{3}$	$\dfrac{8}{3} \div \dfrac{2}{5}$	$100 \div \dfrac{2}{5}$
⑤	$\dfrac{1}{5} \div \dfrac{6}{7}$	$\dfrac{2}{5} \div \dfrac{2}{5}$	$\dfrac{5}{18} \div \dfrac{5}{6}$	$400 \div \dfrac{4}{3}$
⑥	$\dfrac{3}{4} \div \dfrac{4}{3}$	$\dfrac{10}{9} \div \dfrac{10}{3}$	$\dfrac{2}{9} \div \dfrac{1}{5}$	$1000 \div \dfrac{2}{5}$
⑦	$\dfrac{3}{7} \div \dfrac{4}{5}$	$\dfrac{3}{8} \div \dfrac{9}{4}$	$\dfrac{3}{10} \div \dfrac{9}{8}$	$2000 \div \dfrac{1}{7}$
⑧	$\dfrac{7}{10} \div \dfrac{2}{3}$	$\dfrac{5}{4} \div \dfrac{10}{3}$	$\dfrac{9}{10} \div \dfrac{1}{10}$	$3000 \div \dfrac{1}{3}$

9 分数÷分数 整数÷分数

年　組　番　名前

■記録表

月/日	何個	月/日	何個	月/日	何個	月/日	何個
/		/		/		/	
/		/		/		/	
/		/		/		/	
/		/		/		/	
/		/		/		/	
/		/		/		/	

できた数を記録しましょう。

6年 パワーアップ読み上げ計算

■答え

	○	●	◎	✱
①	$\frac{3}{5} \div \frac{1}{2} = \frac{6}{5}$	$\frac{1}{4} \div \frac{5}{4} = \frac{4}{20}\ \frac{1}{5}$	$\frac{3}{4} \div \frac{9}{8} = \frac{24}{36}\ \frac{2}{3}$	$50 \div \frac{1}{3} = 150$
②	$\frac{1}{5} \div \frac{1}{4} = \frac{4}{5}$	$\frac{8}{3} \div \frac{8}{5} = \frac{15}{24}\ \frac{5}{3}$	$\frac{3}{7} \div \frac{5}{14} = \frac{42}{35}\ \frac{6}{5}$	$60 \div \frac{1}{4} = 240$
③	$\frac{2}{5} \div \frac{1}{3} = \frac{6}{5}$	$\frac{4}{7} \div \frac{4}{3} = \frac{12}{28}\ \frac{3}{7}$	$\frac{12}{5} \div \frac{6}{7} = \frac{84}{30}\ \frac{14}{5}$	$60 \div \frac{2}{3} = 90$
④	$\frac{5}{6} \div \frac{1}{5} = \frac{25}{6}$	$\frac{5}{3} \div \frac{7}{3} = \frac{15}{21}\ \frac{5}{7}$	$\frac{8}{3} \div \frac{2}{6} = \frac{40}{6}\ \frac{20}{3}$	$100 \div \frac{2}{5} = 250$
⑤	$\frac{1}{5} \div \frac{6}{7} = \frac{7}{30}$	$\frac{2}{5} \div \frac{2}{5} = \frac{10}{10}\ 1$	$\frac{5}{18} \div \frac{5}{6} = \frac{30}{90}\ \frac{1}{3}$	$400 \div \frac{4}{3} = 300$
⑥	$\frac{3}{4} \div \frac{4}{3} = \frac{9}{16}$	$\frac{10}{9} \div \frac{10}{3} = \frac{30}{90}\ \frac{1}{3}$	$\frac{2}{9} \div \frac{1}{5} = \frac{10}{9}$	$1000 \div \frac{2}{5} = 2500$
⑦	$\frac{3}{7} \div \frac{4}{5} = \frac{15}{28}$	$\frac{3}{8} \div \frac{9}{4} = \frac{12}{72}\ \frac{1}{6}$	$\frac{3}{10} \div \frac{9}{8} = \frac{24}{90}\ \frac{4}{15}$	$2000 \div \frac{1}{7} = 14000$
⑧	$\frac{7}{10} \div \frac{2}{3} = \frac{21}{20}$	$\frac{5}{4} \div \frac{10}{3} = \frac{15}{40}\ \frac{3}{8}$	$\frac{9}{10} \div \frac{1}{10} = \frac{90}{10}\ 9$	$3000 \div \frac{1}{3} = 9000$

10 ×分数倍 ÷分数倍

□を求める式と答えを言いましょう。

	○	◎
例	60人 □人 □人の$\frac{2}{3}$は60人　1とすると $60 \div \frac{2}{3} = 90$　90人	□m の $\frac{2}{3}$倍 は 12m　$12 \div \frac{2}{3} = 18$　18m
①	18m □m □mの$\frac{3}{4}$は18m　1とすると	□m² の $\frac{4}{5}$倍 は 80m²
②	12m □m □mの$\frac{3}{5}$は12m　1とすると	30m の $\frac{2}{5}$ は □m
③	80kg □kg 1とすると 80kgの$\frac{3}{4}$は□kg	□人 の $\frac{1}{2}$ は 300人
④	20人 □人 1とすると □人の$\frac{4}{5}$は20人	□円 の $\frac{5}{6}$ は 300円
⑤	6m □m 1とすると □mの$\frac{1}{4}$は6m	□m の $\frac{3}{4}$ は 120m

10 ×分数倍 ÷分数倍

年　組　番　名前

■記録表

月／日	何個	月／日	何個	月／日	何個	月／日	何個
／		／		／		／	
／		／		／		／	
／		／		／		／	
／		／		／		／	
／		／		／		／	
／		／		／		／	

できた数を記録しましょう。

■答え

	○	◎
例	□人の $\frac{2}{3}$ は60人　$60 \div \frac{2}{3} = 90$　90人	□m の $\frac{2}{3}$ 倍は12m　$12 \div \frac{2}{3} = 18$　18m
①	□m の $\frac{3}{4}$ は18m　$18 \div \frac{3}{4} = 24$　24m	□m² の $\frac{4}{5}$ 倍は80m²　$80 \div \frac{4}{5} = 100$　100m²
②	□m の $\frac{3}{5}$ は12m　$12 \div \frac{3}{5} = 20$　20m	30m の $\frac{2}{5}$ は□m　$30 \times \frac{2}{5} = 12$　12m
③	80kg の $\frac{3}{4}$ は□kg　$80 \times \frac{3}{4} = 60$　60kg	□人 の $\frac{1}{2}$ は300人　$300 \div \frac{1}{2} = 600$　600人
④	□人の $\frac{4}{5}$ は20人　$20 \div \frac{4}{5} = 25$　25人	□円 の $\frac{5}{6}$ は300円　$300 \div \frac{5}{6} = 360$　360円
⑤	□m の $\frac{1}{4}$ は6m　$6 \div \frac{1}{4} = 24$　24m	□m の $\frac{3}{4}$ は120m　$120 \div \frac{3}{4} = 160$　160m

11 速さの公式　単位の式

6年　パワーアップ読み上げ計算　　年　組　番　名前

最初に答えのほうを見て読んでみましょう。その後に下の問題に取り組みましょう。

	○		◎
①	時速○kmとは_____に進む_____です。	⑩	分速80mで6分歩いたときの道のり（80m 1分 2分 3分 4分 5分 6分 □m）
②	分速○mとは_____に進む_____です。		
③	秒速○mとは_____に進む_____です。	⑪	4分で600m進んだ自転車の分速（□m 1分 2分 3分 4分　600m）
④	速さの公式を言いましょう。速さ＝□ ---- □		
⑤	道のり＝□ ---- □	⑫	秒速30mで4200m進んだ電車のかかった時間（30m 1秒 2秒 3秒　□秒　4200m）
⑥	時間＝□ ---- □		
⑦	2時間で40km走ったときの時速（□km 1時間 2時間　40km）	⑬	300kmの道のりを時速60kmで進んだときかかった時間（60km 1時間 2時間 3時間　□時間　300km）
⑧	時速30kmで3時間走ったときの道のり（30km 1時間 2時間 3時間　□km）		
⑨	6分で420m進んだ人の分速（□m 1分 2分 3分 4分 5分 6分　420m）		

11 速さの公式　単位の式

年　組　番　名前

■記録表

月／日	何個	月／日	何個	月／日	何個	月／日	何個
／		／		／		／	
／		／		／		／	
／		／		／		／	
／		／		／		／	
／		／		／		／	
／		／		／		／	

できた数を記録しましょう。

■答え

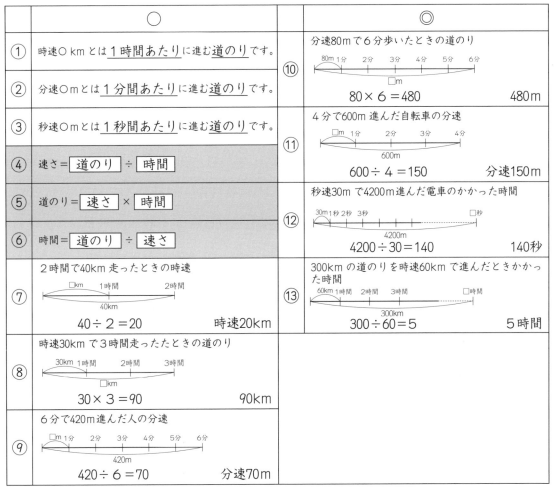

6年 パワーアップ読み上げ計算

95

6年　パワーアップ読み上げ計算　　年　組　番　名前

12　速さの学習前用の時間の計算

	○	●	◎
①	1時間＝□分	※小数で 30分＝□.□時間	1分30秒＝□秒
②	1時間30分＝□分	1時間30分＝□.□時間	2分30秒＝□秒
③	60分の$\frac{1}{6}$は□分	2時間30分＝□.□時間	1時間＝□×□＝□秒
④	60分の$\frac{1}{10}$は□分	1時間30分の2倍は	100秒＝□分□秒
⑤	$\frac{1}{2}$時間は□分	2時間30分の2倍は	600秒＝□分
⑥	$\frac{1}{4}$時間は□分	3時間30分の2倍は	1分＝$\frac{□}{□}$時間
⑦	0.5時間＝□分	※わからなかったら言わない 30分の3倍は□時間□分	1秒＝$\frac{□}{□}$時間
⑧	0.1時間＝□分	30分の2倍は□時間	※分数で 15分＝$\frac{□}{□}$時間
⑨	0.2時間＝□分	30分の5倍は□時間□分	40分＝$\frac{□}{□}$時間
⑩	0.3時間＝□分	30分の4倍は□時間	45分＝$\frac{□}{□}$時間

※1分間にどこまで言えるかな？　目標は1分で20問

12 速さの学習前用の時間の計算　年　組　番　名前

■記録表

月／日	何個	月／日	何個	月／日	何個	月／日	何個
／		／		／		／	
／		／		／		／	
／		／		／		／	
／		／		／		／	
／		／		／		／	
／		／		／		／	

できた数を記録しましょう。

■答え

	○	●	◎
①	1時間＝□分　60分	30分＝□.□時間　0.5時間	1分30秒＝□秒　60＋30で　90秒
②	1時間30分＝□分　90分	1時間30分＝□.□時間　1.5時間	2分30秒＝□秒　60×2＋30で　150秒
③	60分の$\frac{1}{6}$は□分　60×$\frac{1}{6}$で　10分	2時間30分＝□.□時間　2.5時間	1時間＝□×□＝□秒　60×60で　3600秒
④	60分の$\frac{1}{10}$は□分　60×$\frac{1}{10}$で　6分	1時間30分の2倍は　1.5×2で　3時間	100秒＝□分□秒　1分40秒
⑤	$\frac{1}{2}$時間は□分　60×$\frac{1}{2}$で　30分	2時間30分の2倍は　2.5×2で　5時間	600秒＝□分　600÷60で　10分
⑥	$\frac{1}{4}$時間は□分　60×$\frac{1}{4}$で　15分	3時間30分の2倍は　3.5×2で　7時間	1分＝$\frac{□}{□}$時間　$\frac{1}{60}$時間
⑦	0.5時間＝□分　60×0.5で　30分	30分の3倍は□時間□分　1時間30分	1秒＝$\frac{□}{□}$時間　$\frac{1}{3600}$時間
⑧	0.1時間＝□分　60×0.1で　6分	30分の2倍は□時間□分　1時間	15分＝$\frac{□}{□}$時間　$\frac{1}{4}$時間
⑨	0.2時間＝□分　60×0.2で　12分	30分の5倍は□時間□分　2時間30分	40分＝$\frac{□}{□}$時間　$\frac{2}{3}$時間
⑩	0.3時間＝□分　60×0.3で　18分	30分の4倍は□時間□分　2時間	45分＝$\frac{□}{□}$時間　$\frac{3}{4}$時間

13 円の面積

面積を求める式を言いましょう。

○	●	◎
① 公式 円の面積＝	⑦ 6cm	⑬ 8cm
② 3cm	⑧ 12cm	⑭ 12cm
③ 12cm	⑨ 10cm	⑮ 8cm
④ 60cm	⑩ 20cm	⑯ 4cm
⑤ 8cm	⑪ 10cm	⑰ 20cm
⑥ 14cm	⑫ 16cm	⑱ 6cm / 12cm

98

13 円の面積

年　組　番　名前

■記録表

月／日	何個	月／日	何個	月／日	何個	月／日	何個
／		／		／		／	
／		／		／		／	
／		／		／		／	
／		／		／		／	
／		／		／		／	
／		／		／		／	

できた数を記録しましょう。

■答え

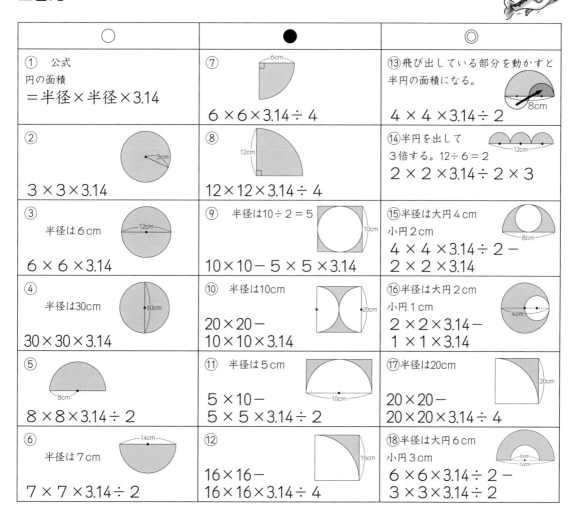

14 立体の体積

次の体積を求める式を言いましょう。答えは求めなくてかまいません。

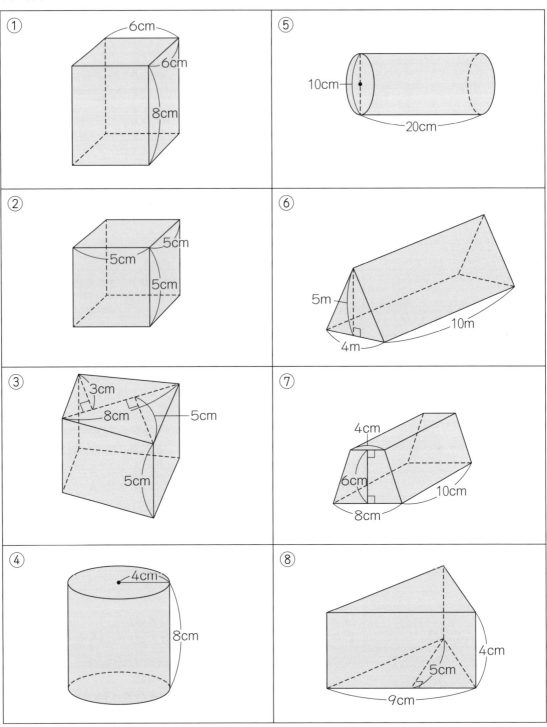

14 立体の体積

年　組　番　名前

■記録表

月／日	何個	月／日	何個	月／日	何個	月／日	何個
/		/		/		/	
/		/		/		/	
/		/		/		/	
/		/		/		/	
/		/		/		/	
/		/		/		/	

できた数を記録しましょう。

■答え

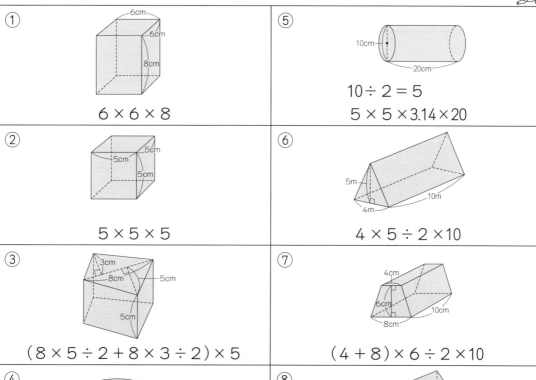

① $6 \times 6 \times 8$

② $5 \times 5 \times 5$

③ $(8 \times 5 \div 2 + 8 \times 3 \div 2) \times 5$

④ $4 \times 4 \times 3.14 \times 8$

⑤ $10 \div 2 = 5$
　$5 \times 5 \times 3.14 \times 20$

⑥ $4 \times 5 \div 2 \times 10$

⑦ $(4 + 8) \times 6 \div 2 \times 10$

⑧ $9 \times 5 \div 2 \times 4$

6年 パワーアップ読み上げ計算　　年　組　番　名前

15 比例・反比例

表を見て，□にあてはまる数を言いましょう。また，y を x の式で表し，言いましょう。

	○ 比例しています		● 反比例しています

①

x (cm)	1	2	3	4	5
y (g)	3	㋐	9	㋑	㋒

式（　　　　　　　　）

時速 x (km)	1	2	3	4	5
時間 y (時)	24	12	㋐	㋑	㋒

式（　　　　　　　　）

②

x (cm)	1	2	3	4	5
y (cm^2)	2	4	㋐	㋑	㋒

式（　　　　　　　　）

時速 x (km)	1	2	3	4	5
時間 y (時)	12	㋐	4	㋑	㋒

式（　　　　　　　　）

③

x (cm)	1	2	3	4	5
y (g)	㋐	16	24	㋑	㋒

式（　　　　　　　　）

時速 x (km)	1	2	3	4	5
時間 y (時)	36	18	㋐	㋑	㋒

式（　　　　　　　　）

④

x (cm)	1	2	3	4	5
y (cm^2)	㋐	10	15	㋑	㋒

式（　　　　　　　　）

時速 x (km)	1	2	3	4	5
時間 y (時)	6	㋐	㋑	1.5	㋒

式（　　　　　　　　）

⑤

x (cm)	1	2	3	4	5
y (g)	㋐	㋑	㋒	44	55

式（　　　　　　　　）

時速 x (km)	1	2	3	4	5
時間 y (時)	㋐	21	㋑	10.5	7.2

式（　　　　　　　　）

15 比例・反比例

年　組　番　名前

■記録表

月／日	何個	月／日	何個	月／日	何個	月／日	何個
／		／		／		／	
／		／		／		／	
／		／		／		／	
／		／		／		／	
／		／		／		／	
／		／		／		／	

できた数を記録しましょう。

■答え

○ 比例しています　　●反比例しています

①
x (cm)	1	2	3	4	5
y (g)	3	㋐ 6	9	㋑ 12	㋒ 15

式（ $y = 3 \times x$ ）

時速 x (km)	1	2	3	4	5
時間 y (時)	24	12	㋐ 8	6	㋒ 4.8

式（ $y = 24 \div x$ ）

②
x (cm)	1	2	3	4	5
y (cm²)	2	4	㋐ 6	㋑ 8	㋒ 10

式（ $y = 2 \times x$ ）

時速 x (km)	1	2	3	4	5
時間 y (時)	12	㋐ 6	4	㋑ 3	㋒ 2.4

式（ $y = 12 \div x$ ）

③
x (cm)	1	2	3	4	5
y (g)	㋐ 8	16	24	㋑ 32	㋒ 40

式（ $y = 8 \times x$ ）

時速 x (km)	1	2	3	4	5
時間 y (時)	36	18	㋐ 12	9	㋒ 7.2

式（ $y = 36 \div x$ ）

④
x (cm)	1	2	3	4	5
y (cm²)	㋐ 5	10	15	㋑ 20	㋒ 25

式（ $y = 5 \times x$ ）

時速 x (km)	1	2	3	4	5
時間 y (時)	6	㋐ 3	㋑ 2	1.5	㋒ 1.2

式（ $y = 6 \div x$ ）

⑤
x (cm)	1	2	3	4	5
y (g)	㋐ 11	㋑ 22	㋒ 33	44	55

式（ $y = 11 \times x$ ）

時速 x (km)	1	2	3	4	5
時間 y (時)	㋐ 42	21	㋑ 14	10.5	㋒ 8.4

式（ $y = 42 \div x$ ）

6年 パワーアップ読み上げ計算　　　年　組　番　名前

16 比例を使って

番号を言ってから式や答えを言いましょう。
y は x に比例しています。
横に考えて，□の数を求める式と答えを言いましょう。
何倍かは暗算で出して式は言わなくてよい。

○

① | x | 3 | 15 |
　| y | 8 | □ |

② | x | 5 | 40 |
　| y | 6 | □ |

③ | x | 3 | 150 |
　| y | 7 | □ |

④ | x | 40 | 80 |
　| y | 6 | □ |

⑤ | x | 300 | 1200 |
　| y | □ | 280 |

⑥ | x | 4 | 400 |
　| y | □ | 110 |

◎

⑦ | x | 150 | 450 |
　| y | 1.2 | □ |

⑧ | x | 600 | 60 |
　| y | 9 | □ |

⑨ | x | 80 | 4 |
　| y | 180 | □ |

⑩ | x | 0.3 | 0.9 |
　| y | 50 | □ |

⑪ | x | 4 | 800 |
　| y | 60 | □ |

⑫ | x | 12 | 240 |
　| y | 15 | □ |

16 比例を使って

年　組　番　名前

■記録表

月／日	何個	月／日	何個	月／日	何個	月／日	何個
／		／		／		／	
／		／		／		／	
／		／		／		／	
／		／		／		／	
／		／		／		／	
／		／		／		／	

できた数を記録しましょう。

■答え

○

①

x	3	15
y	8	□

（15÷3＝5倍） $8 \times 5 = 40$

②

x	5	40
y	6	□

（40÷5＝8倍） $6 \times 8 = 48$

③

x	3	150
y	7	□

（150÷3＝50倍） $7 \times 50 = 350$

④

x	40	80
y	6	□

（80÷40＝2倍） $6 \times 2 = 12$

⑤

x	300	1200
y	□	280

（1200÷300＝4） $280 \div 4 = 70$

⑥

x	4	400
y	□	110

（400÷4＝100） $110 \div 100 = 1.1$

◎

⑦

x	150	450
y	1.2	□

（450÷150＝3倍） $1.2 \times 3 = 3.6$

⑧

x	600	60
y	9	□

（60÷600＝0.1） $9 \times 0.1 = 0.9$

⑨

x	80	4
y	180	□

（4÷80＝0.05） $180 \times 0.05 = 9$

⑩

x	0.3	0.9
y	50	□

（0.9÷0.3＝3倍） $50 \times 3 = 150$

⑪

x	4	800
y	60	□

（800÷4＝200倍） $60 \times 200 = 12000$

⑫

x	12	240
y	15	□

（240÷12＝20倍） $15 \times 20 = 300$

17 比を簡単にする

	○	●	◎	◉
①	4：6	0.4：0.9	24：36	90：60
②	10：8	0.8：1.2	50：25	60：40
③	15：20	1.4：0.4	75：25	120：150
④	15：30	1：0.3	100：75	36：27
⑤	6：18	1：0.5	30：45	16：24
⑥	12：24	2：0.5	200：600	2.5：3
⑦	14：35	3：0.5	24：28	4.5：3.6
⑧	80：90	0.24：0.36	12：18	1.2：1.8
⑨	60：70	1.5：0.5	15：6	80：120
⑩	80：60	2.1：1.4	36：40	90：120

※1分間にどこまで言えるかな？

17 比を簡単にする

年　組　番　名前

■記録表

月／日	何個	月／日	何個	月／日	何個	月／日	何個
／		／		／		／	
／		／		／		／	
／		／		／		／	
／		／		／		／	
／		／		／		／	
／		／		／		／	

できた数を記録しましょう。

■答え

	○	●	◎	✿
①	4：6 2：3	0.4：0.9 4：9	24：36 2：3	90：60 3：2
②	10：8 5：4	0.8：1.2 2：3	50：25 2：1	60：40 3：2
③	15：20 3：4	1.4：0.4 7：2	75：25 3：1	120：150 4：5
④	15：30 1：2	1：0.3 10：3	100：75 4：3	36：27 4：3
⑤	6：18 1：3	1：0.5 2：1	30：45 2：3	16：24 2：3
⑥	12：24 1：2	2：0.5 4：1	200：600 1：3	2.5：3 5：6
⑦	14：35 2：5	3：0.5 6：1	24：28 6：7	4.5：3.6 5：4
⑧	80：90 8：9	0.24：0.36 2：3	12：18 2：3	1.2：1.8 2：3
⑨	60：70 6：7	1.5：0.5 3：1	15：6 5：2	80：120 2：3
⑩	80：60 4：3	2.1：1.4 3：2	36：40 9：10	90：120 3：4

6年　パワーアップ読み上げ計算

107

6年　パワーアップ読み上げ計算　　　年　組　番　名前

18 等しい比

□はいくつになるでしょう。

	○	◎
①	3：5＝15：□	12：9＝4：□
②	4：7＝12：□	36：30＝6：□
③	2：3＝8：□	20：8＝5：□
④	5：6＝45：□	35：15＝7：□
⑤	3：8＝30：□	60：18＝10：□
⑥	5：7＝□：28	21：27＝□：9
⑦	8：5＝□：500	77：56＝□：8
⑧	10：9＝□：81	70：20＝□：2
⑨	9：5＝□：20	24：34＝□：17
⑩	7：3＝□：30	36：45＝□：5

※1分間にどこまで言えるかな？

108

18 等しい比

年　組　番　名前

■記録表

月／日	何個	月／日	何個	月／日	何個	月／日	何個
／		／		／		／	
／		／		／		／	
／		／		／		／	
／		／		／		／	
／		／		／		／	
／		／		／		／	

できた数を記録しましょう。

■答え

	○	◎
①	3 : 5 ×5= 15 : **25**	12 : 9 ÷3= 4 : **3**
②	4 : 7 = 12 : **21**	36 : 30 = 6 : **5**
③	2 : 3 = 8 : **12**	20 : 8 = 5 : **2**
④	5 : 6 = 45 : **54**	35 : 15 = 7 : **3**
⑤	3 : 8 = 30 : **80**	60 : 18 = 10 : **3**
⑥	5 : 7 = **20** : 28	21 : 27 = **7** : 9
⑦	8 : 5 = **800** : 500	77 : 56 = **11** : 8
⑧	10 : 9 = **90** : 81	70 : 20 = **7** : 2
⑨	9 : 5 = **36** : 20	24 : 34 = **12** : 17
⑩	7 : 3 = **70** : 30	36 : 45 = **4** : 5

6年 パワーアップ読み上げ計算

年　　組　　番　　名前

19 公式等の復習

学習していない問題はとばして言いましょう。
1回目は，答えのほうを読みましょう。

	○		◎
①	AはBの何倍＝	⑫	立方体の体積＝
②	Aは「全体」の何％＝	⑬	直方体の体積＝
③	大きさを比べるとき 分数を小数になおす。 $\frac{B}{A}=\square \div \square$	⑭	角柱・円柱の体積＝
		⑮	道のり＝
④	三角形の面積＝	⑯	時速＝
⑤	平行四辺形の面積＝	⑰	時間＝
⑥	台形の面積＝	⑱	平均＝
⑦	ひし形の面積＝	⑲	三角形の3つの角の和（　）°
⑧	比例の関係式　$y=$	⑳	$\frac{B}{A}$ の逆数は
⑨	反比例の関係式　$y=$	㉑	全体 —$\frac{A}{B}$倍→ □ —$\frac{D}{C}$倍→ F　何倍？　Fは全体の何倍
⑩	円周の長さ＝		
⑪	円の面積＝	㉒	人口密度＝

110

19 公式等の復習

年　　組　　番　　名前

■記録表

月／日	何個	月／日	何個	月／日	何個	月／日	何個
/		/		/		/	
/		/		/		/	
/		/		/		/	

できた数を記録しましょう。

■答え

	○		◎
①	AはBの何倍＝A÷B	⑫	立方体の体積＝1辺×1辺×1辺
②	Aは「全体」の何％＝A÷全体×100	⑬	直方体の体積＝縦×横×高さ
③	大きさを比べるとき 分数を小数になおす。 $\frac{B}{A}$＝B÷A	⑭	角柱・円柱の体積＝底面積×高さ
		⑮	道のり＝速さ×時間
④	三角形の面積＝底辺×高さ÷2	⑯	時速＝道のり÷時間
⑤	平行四辺形の面積＝底辺×高さ	⑰	時間＝道のり÷速さ
⑥	台形の面積＝(上底＋下底)×高さ÷2	⑱	平均＝合計÷個数
⑦	ひし形の面積＝対角線×対角線÷2	⑲	三角形の3つの角の和(180)°
⑧	比例の関係式　y＝きまった数×x	⑳	$\frac{B}{A}$の逆数は $\frac{A}{B}$
⑨	反比例の関係式　y＝きまった数÷x	㉑	全体 →$\frac{B}{A}$倍→ □ →$\frac{D}{C}$倍→ F　Fは全体の何倍 $\frac{B}{A}×\frac{D}{C}$(倍)
⑩	円周の長さ＝直径×3.14		
⑪	円の面積＝半径×半径×3.14	㉒	人口密度＝人口(人)÷km²(面積)

111

【編著者紹介】

志水　廣（しみず　ひろし）

愛知教育大学名誉教授。1952年，神戸市生まれ，大阪教育大学卒業。神戸市の公立小学校に勤務後，兵庫教育大学大学院修了（数学教育専攻）。筑波大学附属小学校教諭，愛知教育大学数学教育講座教授，同大学大学院教育実践研究科教授。各地の小学校で示範授業や指導講演をして活動中。授業力アップわくわくクラブ代表，志水塾代表。

著書に，『「愛」で育てる算数数学の授業』，『算数授業のユニバーサルデザイン』，『2つの「しかけ」でうまくいく！算数授業のアクティブ・ラーニング』など100冊を超える。

「志水　廣」URL　http://www.schoolweb.ne.jp/weblog/index.php?id=2370003

【著者紹介】

篠崎　富美子（しのざき　ふみこ）

元長野県公立小学校教諭

算数力がみるみるアップ！
パワーアップ読み上げ計算ワークシート　5・6年

2017年11月初版第1刷刊	ⓒ編著者	志　水　　　廣
2025年3月初版第6刷刊	著　者	篠　崎　富美子
	発行者	藤　原　光　政
	発行所	明治図書出版株式会社

http://www.meijitosho.co.jp
(企画)木山麻衣子(校正)㈱東図企画
〒114-0023　東京都北区滝野川7-46-1
振替00160-5-151318　電話03(5907)6702
ご注文窓口　電話03(5907)6668

＊検印省略　　　　組版所　藤原印刷株式会社

本書の無断コピーは，著作権・出版権にふれます。ご注意ください。
教材部分は，学校の授業過程での使用に限り，複製することができます。

Printed in Japan　　　　　ISBN978-4-18-179017-2

もれなくクーポンがもらえる！読者アンケートはこちらから　→